BABY LOVE

Wie heiße ich?

Die 8 000 schönsten Vornamen

RACHAEL HALE

KNESEBECK

Aalisha (griechisch) Variante von Alisha

Aaliyah (arabisch, hebräisch) hoch/erhaben. Variante von Aliya

Abia (arabisch) groß, bedeutend

Abida (arabisch) Anbeterin, Verehrerin

Abra (hebräisch) »Mutter der Nationen« *Abria*

Abrial (französisch) offen, sicher, geschützt

Abriana (italienisch) Variante von Abra

Abrielle (französisch) Variante von Abrial

Ada, Adah (hebräisch) »die Geschmückte«. In der Bibel ist Ada eine der Frauen Esaus. Ada steht im Englischen auch für erfolgreich, florierend, glücklich. *Adabelle, Adan, Adda, Auda*

Adalgard (althochdeutsch) Edel/Schutz

Adanna (nigerianisch) »ihres Vaters Tochter«

Adara (arabisch) jungfräulich

Adaya (amerikanisch) Variante von Ada

Adela, Adele, Adeline (griechisch) Liebe und Wollust, Kurzformen von Adelheid

Adelheid (althochdeutsch) edle Gestalt, vornehme Gesinnung. Seit dem Mittelalter bekannter deutscher Vorname.

Adelle (englisch) Kurzform von Adelaide, Adeline *Adell*

Adena (hebräisch) Variante von Ada (»die Geschmückte«)

Adia (Suaheli) Geschenk *Adiah*

Adila (arabisch) gleichmäßig, ebenbürtig *Adeela*

Adira (hebräisch) stark

Adonia (spanisch) schön, bewundernswert

Adora (lateinisch) geliebt. Siehe auch Dora

Adra (arabisch) jungfräulich

Adriana, Adriane (lateinisch) weibliche Formen von Adrian; ursprünglich der Beiname des römischen Kaisers Publius Aelius Hadrianus, besser bekannt als Hadrian (2. Jh.). *Adrianna*

Adrielle (hebräisch) »zu Gott gehörend«

Adrienne französische Form von Adriana

Africa (irisch) angenehm, freundlich. Geographie: einer der sieben Kontinente. *Afrika*

Afrodite, Aphrodite (griechisch) Mythologie: die Göttin der Liebe und Schönheit

Agnes (griechisch) keusch, rein. Siehe auch Aneesa, Anessa, Anice, Anisha, Ynez. *Aganetha, Agna, Agne, Agneis, Agnelia*

Aida (englisch) Variante von Ada

Aiko (japanisch) geliebt

Aila finnische Form von Helga

Aileen (irisch) Variante von Helen. Siehe auch Eileen. *Ailean, Ailene, Ailina, Ailinn*

Ailya (hebräisch) Variante von Aliya

Aimée (französisch) geliebt *Aime, Aimée, Aimey, Aimi, Aimia, Aimie, Aimy*

Airiél (hebräisch) Variante von Ariel. *Aire, Aireal, Airial*

Aisha (algerisch) Leben, lebendig; türkische Schreibweise: Aischa *Aesha, Aeshah, Aieshah, Aishah, Aishia, Aishiah*

Akiko (japanisch) Lichterglanz, helles Licht

Akina (japanisch) Frühlingsblume

Akira (schottisch, japanisch) weiblicher Vorname in Schottland (Anker) und ein beidgeschlechtlicher Vorname in Japan (strahlend oder hell).

Alameda (spanisch) die Pappel

Alana, Alanis (keltisch) »aus dem indogermanischen Nomadenvolk der Alanen«. *Alaina, Alayna*

Alanza (spanisch) bereit zum Kampf; weibliche Form von Alonzo.

Alba (lateinisch) »von Alba Longa stammend« (Stadt süd-östlich vom antiken Rom)

Alberta (französisch) aufgeweckt

Alea, Aleah (persisch) Wesen Gottes

Aleeza (hebräisch) Variante von Aliza (freudenvoll) *Leeza*

Alegria (spanisch) fröhlich, frohgemut

Aleka (hawaiianisch) Variante von Alice

Aleksandra (griechisch) Variante von Alexandra *Aleksasha*

Alena (russisch) Kurzform von Magdalene, ebenso Variante von Helen. *Alenah, Alene, Aleni, Alenka, Alenna*

Alesia, Alessia (griechisch) weibliche Formen von Alessio, Varianten von Alice, Alicia, Alisha. *Allesia, Alessa*

Alessandra italienische Form von Alexandra; Kurzform: Alessa *Alesandra, Alesandrea, Allesand*

Alex, Alexa (griechisch) Kurzformen von Alexandra *Aleix, Aleks, Alexx*

Alexandra (griechisch) »die Männer Abwehrende, Beschützerin« *Aleix, Aleks, Alexx, Xandra, Zandra*

Aleyah (hebräisch) Varianten von Aliya

Alfreda (englisch) weibliche Form von Alfred (Naturgeist + Rat). Siehe auch Effie, Elfrida, Freda, Frederica.

Alia, Aliah (hebräisch) Varianten von Aliya *Alya, Aaliyah, Alea*

Alica slowenische, kroatische bzw. slowakische Form von Alice

Alice englische Form von Adelheid (über lateinisch Alesia), auch spanische Form von Alice. Ebenso eine englische Kurzform von Elizabeth, Alexandra und Aloysia »von edlem/vornehmem Wesen«. Ebenso französische Kurzform von Adelheid.

Alicia spanische Form von Alice, amerikanische Variante: Alysha

Alicja polnische Variante von Alice

Alida niederdeutsche Kurzform von Adelheid; kommt auch als italienischer Name vor: *Aleta, Lida, Oleda. Aleda, Alidia, Alleda*

Alika (Suaheli) schön, bewundernswert *Alica*

Alima (arabisch) »die Musik und Tanz liebt«

Alina (althochdeutsch) von edlem/vornehmem Wesen; französische Kurzform von Adeline

Alina, Alyna (englisch) Kurzformen von Adeline. Siehe auch Alena *Aliana, Alianna, Allyna*

Aline schwedische und ungarische Form von Helene. Aus dem Schottischen auch als Variante von Alina

Alisa (griechisch) Variante von Alice. Siehe auch Elisa, Ilisa *Alissa*

Alise, Allise (griechisch) Varianten von Alice *Aliese, Alis, Alisse, Alles, Allesse, Allis, Allisse*

Alisha (englisch) englische Variante von Alice. Siehe auch Elisha, Ilisha, Lisha *Alysha, Alysia, Aliscia, Alishah*

Alita (spanisch) Variante von Alida

Alivia (lateinisch) Variante von Olivia

Alix (griechisch) Kurzform von Alexandra, Alice *Allix*

Aliya (afrikanisch) »das Beste von allem, das Größte« *Aliyah, Aliye*

Aliza (hebräisch) freudenvoll. Siehe auch Aleeza, Eliza

Alizé, Alizée (französisch) Bezeichnung des Passatwindes

Allana, Allanah (irisch) Varianten von Alana

Allegra (lateinisch, italienisch) fröhlich, lebhaft

Allena (irisch) Variante von Alana *Alleen, Alleyna, Alleynah*

Allia, Alliah (hebräisch) Varianten von Aliya

Alma (lateinisch) Segen spendend, nährend, fruchtbar

Almah (neuhebräisch) Fräulein, junge Frau

Almeda (arabisch) anspruchsvoll

Almira (spanisch) Variante von Almeíra. Siehe auch Elmira, Mira

Almut, Almuth (althochdeutsch) »von edler Gesinnung«

Aloha (hawaiianisch) gütig, wohltätig

Aloisa aus dem Süddeutschen; klug und sehr weise, auch weibliche Form von Alois

Alonza (englisch) bereit zum Kampf; weibliche Form von Alonzo

Alora (amerikanisch) Kombination des Buchstaben A und Lora

Alpha (griechisch) erstgeboren. Der erste Buchstabe des griechischen Alphabets

Alta (lateinisch) lang, hoch

Althea (griechisch) gesund

Alva (lateinisch, spanisch) weiß, hellhäutig. Siehe auch Elva.

Alvina (nordisch) edle Freundin, Elfe, Naturgeist. Siehe auch Elva, Vina

Alwine (althochdeutsch) edel, vornehm/Freund

Am (vietnamesisch) der Mond

Ama (afrikanisch) geboren am Samstag

Amabel (lateinisch) liebenswert, liebenswürdig. Siehe auch Bel, Mabel

Amada (spanisch) geliebt

Amadea (lateinisch) weibliche Form von Amadeo/Amadeus, Liebe & Gott

Amadi (nigerianisch) »allg. Freude«

Amal (arabisch) hoffnungsfroh

Amalia, Amalie (ostgotisch) Variante von Amelia *Amaliya*

Amanda (lateinisch) die Geliebte, die Liebenswerte, Variante von Amanda *Amandah, Amandalee, Amandi, Amandie*

Amara (griechisch) Bittermandel. Siehe auch Mara

Amaranta (spanisch) abgeleitet vom Griechischen: unvergänglich

Amaris (hebräisch) »von Gott verheißen« *Amarissa*

Amaryllis (griechisch) bekannt durch die Heldin in einem Werk Virgils; die gleichnamige Blume wurde im 18. Jh. nach der Hirtin benannt (und nicht umgekehrt)

Amata (lateinisch) die Geliebte; französisch: Aimée; englisch: Amy

Amaui (hawaiianisch) die Drossel

Amaya (japanisch) Nachtregen

Amber der Name stammt von der englischen Bezeichnung für Bernstein, kommt aber ursprünglich aus dem Arabischen. Siehe auch Amberia, Amberise, Ambur

Amelia (lateinisch) »die Tapfere« oder fleißig, Variante von Emily. Siehe auch Ima, Melia, Millie, Nuela, Yamelia *Amaliya, Ameila, Amelina, Ameline*

Amelie (ostgotisch) geläufige Form von Amelia *Amaley, Amelee, Ameley*

America (teutonisch) der Name geht auf Amerigo Vespucci zurück

Ami, Amie (französisch) Varianten von *Amy, Amii, Amiiee, Ammie*

Amilia, Amilie (lateinisch) Varianten von Amelia *Amillia*

Amina (arabisch) zuverlässig, vertrauenswürdig. Die Mutter des Propheten Mohammed *Aminah, Aminda, Amindah, Aminta, Amintah*

Amira (arabisch) Prinzessin. Siehe auch Mira

Amissa, Amita (hebräisch) die Wahrheit, Wirklichkeit

Amity (amerikanisch) aus dem lateinischen abgeleitet: Freunschaft

Amrei (süddeutsch) Kurzform von Annemarie

Amy (lateinisch) geliebt. Siehe auch Aimee, Emma, Esmé

An (chinesisch) friedfertig

Ana (hawaiianisch, spanisch) Variante von Hannah

Anabel, Anabelle (englisch) Varianten von Annabel *Anabela*

Anais (hebräisch) anmutig, gütig *Anaise, Anaïse, Anäis*

Analisa, Analise (englisch) Kombinationen von Ana und Lisa

Anamaria (englisch) Kombination von Ana und Maria

Anastacia (griechisch) Variante von Anastasia *Anastace, Anastacie*

Anastasia (griechisch) weibliche Form von Anastasius (»der Auferstandene«), Kurzform: Asta. Siehe auch Nastasia, Stacey, Stacia

Anatola, Anatolia (griechisch) die Morgenröte, (türkisch): »die aus Anatolien Stammende«

Andrea (griechisch) stark, mutig

Aneko (japanisch) die ältere Schwester

Angela (griechisch) Engel, die Botin. Kurzform von Angelika *Angala, Angèle, Angelee, Angeles, Angeli, Angelita, Angella, Angellita, Anglea, Anjela*

Angelica, Angelika (griechisch) Varianten von Angela. »Die Engelhafte«. (Biblisch): eine der Frauen von König David; englisch: Angelina; französisch: Angelique

Angelina, Angeline (russisch) Variante von Angela *Angalena, Angalina, Angelena, Angeliana*

Angie englische Kurzform von Angelika *Ange, Angee, Angey, Angi, Angy*

Ani (hawaiianisch) die Schöne

Anica, Anika slawische Varianten von Anna *Anaka, Aneka, Anik, Aniko*

Anila (Hindi) »ein Begleiter des Hindu Gottes Vishnu«

Anine dänische Variante von Anna

Anisa, Anisah (arabisch) freundlich

Anissa, Anisha (englisch) Varianten von Agnes, Ann *Anis, Anise, Annissa*

Anita spanische Variante von Anna. Siehe auch Nita *Aneeta*

Anja (hebräisch) »die Begnadete«, »die Anmutige«; russische Koseform von Anna; ungarisch für Mutter, »die Siegerin«

Anka polnische Kurzform von Anna *Anke*

Anke »die Begnadete«; niederdeutsche Koseform für Anna

Ann, Anna, Anne (deutsch, englisch) anmutig, gütig *Annchen, Anouche, Anya*

Annabel Kombination von Anna und Bel; oder Umgestaltung von Amabel (lateinisch: »amabilis« = liebenswert). *Annabelle*

Annalisa, Annalise (deutsch) Kombinationen von Anna und Lisa

Anneka Variante von Hannah

Anneke niederländische Koseform von Anna

Annelie süddeutsche Kurzform von Anneliese

Anneliese (deutsch) Doppelformen aus Anne und einer Kurzform von Elisabeth *Annelisa*

Annette (französisch) Variante von Ann. Siehe auch Anetra, Nettie *Anet, Aneta, Anett, Anetta, Anette, Anneth, Annett, Annetta*

Annick bretonische Variante von Anne

Annie (englisch) geläufige Variante von Ann *Anni, Anny*

Annika schwedische Variante von Anna *Annik, Aneka, Anekah, Anninka, Anouk*

Annina Weiterbildung von Anna, auch italienisch

Antje friesische Form von Anna

Antoinette (französisch) Variante von Antonia. Siehe auch Netti, Toinette, Toni *Antoinella, Antoinet, Antonella, Antonetta, Antonette*

Antonia (deutsch) weibliche Form von Anton; lobenswert, rühmlich. Siehe auch Toni, Tonya, Tosha; italienische Varianten: Antonina, Antonella

Antonice französische Variante von Antonia

Aphrodite (griechisch) die Göttin der Liebe und der weiblichen Anmut

Apollonia (griechisch) »die dem Gott Apollo Geweihte«

April (lateinisch) öffnen, im Sinne von: »die Frau, welche Tore öffnet«

Aranka (ungarisch) golden

Ardelle (lateinisch) warmherzig, enthusiastisch

Areli, Arely (englisch) Varianten von Oralee

Arella (hebräisch) Engel; Botin

Aretha (griechisch) virtuos. Siehe auch Oretha

Ari (hebräisch) Kurzformen von Ariel

Ariadne (griechisch) heilig, die Liebliche, französische Form: Ariane. Mythologie: Tochter von König Minos von Kreta

Ariana (griechisch) heilig. Aeriana, Arieana *Arianna*

Ariane (französisch) Variante von Ariana, Arianna

Ariella, Arielle italienische/spanische weibliche Form von Ariel (Held/Gott) *Aeriale, Aeriela, Ariela*

Arin (arabisch) Botin. Siehe auch Erin. Aaren, Arinn

Arista (griechisch) »die Beste«

Arlene (irisch) Pfand. Siehe auch Lena, Lina

Arlette (englisch, französisch) Variante von Arlene

Arwen (walisisch) gut, fair. Bekannt aus dem Roman und Film »Der Herr der Ringe«

Aryn (hebräisch) Variante von Arin

Asa (germanisch) Gott

Asha (arabisch) Variante von Aisha, Ashia

Ashely (englisch) Variante von Ashley

Ashia (arabisch) das Leben *Ashyah*

Ashlin (englisch) Variante von Ashlyn

Ashlyn, Ashlynn (englisch) Vision, Traum

Ashten, Ashtin (englisch) Varianten von Ashton

Asia (englisch) Variante von Aisha

Aspen (englisch) die Zitterpappel *Aspin, Aspyn*

Aster (englisch) Variante von Astra

Astra (griechisch) der Stern

Astrid (nordisch) Gottheit/schön

Atalanta (griechisch) sicher, standfest *Atlanta, Atlante*

Atara (hebräisch) das Diadem, die Krone

Athanasia (griechisch) unsterblich

Athena (griechisch) weise. Mythologie: die Göttin der Weisheit *Athenea, Athene, Athina, Atina*

Atira (indianisch) in der Mythologie der Pawnee-Indianer die Göttin der Erde und des Abendsterns

Auberte (französisch) Variante von Alberta

Audey (englisch) geläufige Variante von Audrey *Aude, Audi, Audie*

Audra (französisch) Variante von Audrey *Audria*

Audreanne (englisch) Kombination von Audrey und Anne *Audreen, Audrianne*

Audree, Audrie (englisch) Varianten von Audrey *Audre, Audri*

Audrey (englisch) von edler Stärke *Audray, Audrin*

Audriana, Audrianna (englisch) Kombinationen von Audrey und Anna *Audrina*

Augusta (lateinisch) Kurzform von Augustine. Siehe auch Gusta

Augustine (lateinisch) majestätisch. Religion: Sankt Augustine war die erste Erzbischöfin von Canterbury.

Aura (lateinisch) golden. Siehe auch Ora

Aurelia (lateinisch) golden. Siehe auch Oralia

Aurora (lateinisch) die Morgenröte, in der römischen Mythologie die Göttin der Morgenröte, die Morgenröte selbst und die Schwester des Sonnengottes Sol (griech. Helios), dem sie jeden Morgen die Himmelspforten öffnet.

Ava (friesisch) Wasser. Auch Variante von Eva. *Avada, Avae, Ave, Aveen*

Aviva (hebräisch) Frühling. Siehe auch Viva

Avril (französisch) Variante von April

Axelle (französisch) kleine Eiche. Quelle des Lebens

Ayesha (englisch) Variante von Aisha *Ayasha, Ayeshah, Ayisha, Ayishah, Aysha, Ayshah, Ayshe, Aysa, Ayse*

Ayla (hebräisch) die Eiche *Aylana, Aylee, Ayleen, Aylene, Aylie*

Babe (amerikanisch) umgangssprachliche Variante von Barbara *Baby*

Babette (französisch) Kurzform von Barbara und Elisabeth, deutsche Schreibvariante Babett

Babs, Babsi geläufige deutsche Formen von Barbara

Badr (arabisch) Vollmond

Bahar (persisch) Frühling

Bahriyya (arabisch) das Meer

Bailey (englisch) »die Offene« *Bailee, Bailie, Baileigh, Baleigh, Baylee, Bayleigh, Baylie*

Balbina (lateinisch) stammelnd, lallend

Banu (persisch) Dame

Baptista (griechisch) weibliche Form von Baptist (der Täufer)

Bara, Barra (hebräisch) »die Auserwählte«

Barb, Barbi, Barbie Kurzformen von Barbara, auch englisch

Barbara (lateinisch/griechisch) fremd, die Fremde

Bärbel deutsche Kurzform von Barbara

Barbora tschechische Form von Barbara

Barbra norwegische, niederländische und englische Nebenform von Barbara

Bareket (neuhebräisch) Smaragd

Basia (hebräisch) Tochter Gottes

Basma (arabisch) Lächeln

Bastiana weibliche Form von Bastian, Kurzform von Sebastian, griechisch: erhaben *Bastienne*

Bathsheba (hebräisch) eine der Frauen König Davids. Siehe auch Sheba

Batseba (biblisch/hebräisch) Tochter der Fülle, des Glücks

Batsheva neuhebräische Form von Batseba

Batul (arabisch) Jungfrau. Beiname von Fatima, der jüngsten Tochter Mohammeds

Batya (neuhebräisch) Tochter Gottes *Batyah*

Bea deutsche Kurzform von Beate und Beatrix

Beata (lateinisch) Kurzform von Beatrice

Beate (lateinisch) »die Glückliche«

Beatrix (lateinisch) »die Beglückende«

Beau (angloamerikanisch) schön

Bebe (spanisch) eine Variante von Barbara, Beatrice

Becca (hebräisch) Kurzform von Rebecca

Bechta (althochdeutsch) »die Glänzende«, von althochdeutsch »beraht« = glänzend

Becky (hebräisch) geläufige Form von Rebecca, »die Verbindung Schaffende« *Becki, Beckie*

Bedia (arabisch) Bedeutung unbekannt

Befrin (kurdisch) Befr ist Schnee, Bedeutung ist sozusagen »lieblich wie Schnee«

Begga (altdeutsch) »die Glänzende«

Begüm kommt aus dem Türkischen, abgeleitet aus dem persischen Begum; Begüm bedeutet »hohe Frau«/ «hindische Prinzessin«

Behice (arabisch) das muntere Gesicht

Behiye (aramäisch) hübsche, geehrte Frau

Beka, Beke, Beeke (niederdeutsch) alte Koseform von Berta/Bertha, »die Glänzende«. Ebenso niederdeutsche Kurzformen von Elisabeth

Bel (englisch) Kurzform von Anabel, Belinda, Isabel

Bele »durch Adel glänzend« (althochdeutsch); ungarische Kurz- und Koseform von Adalberta

Belen (spanisch) der Pfeil

Belicia (spanisch) Gott gewidmet

Belinda (englisch, spanisch) die Schöne, »lind« = mild, sanft, zärtlich *Belindra, Belynda, Blinda*

Belkis abgeleitet von der türkischen Göttin Belkise

Bella (italienisch) Kurzform von Annabella und Isabella, »die Schöne« *Belle, Bellina*

Belma (bosnisch) Sonnenschein, klares Wasser

Belsy (indisch) blühender Jasmin

Belva (lateinisch) schöner Ausblick

Benazir (persisch) »die Unvergleichliche«

Benecia (lateinisch) Kurzform von Benedicta

Benedetta italienische Form von Benedikta

Benedicta (lateinisch) Variante von Benedikta *Benedicte*

Benedikta (lateinisch) »die Gebenedeite«, »die Gesegnete« *Benedetta, Bendita, Bente, Benetta, Benitta*

Bengi (kurdisch) ewig oder unsterblich

Benice (türkisch) ewig, endlos

Benigna (lateinisch) »die Gütige«, »die Liebevolle«, männliche Form Benignus

Benina (spanisch) »die Schöne«

Benita spanische Variante von Benedicta

Benja russische Koseform von Benedikta

Bente, Benthe (dänisch) »die Gesegnete«

Bentje (friesisch, niederdeutsch) Koseform für Benedetta

Beppina (italienisch) Weiterbildung der italienischen Kurzform Beppa

Berenike (griechisch) »die Siegbringerin« *Bernice, Berenice*

Berfin (türkisch, kurdisch) Schneeglöckchen, »wie Schnee«

Berget (nordisch) Variante von Bridget

Bergit (schwedisch) »geschützte Kämpferin«

Berit schwedische Variante von Birgit *Berrit*

Berlind germanisch »bera« = Bär + althochdeutsch »lind« = sanft, weich, mild *Berlinde*

Bernadette (französisch) Variante von Bernadine *Berna, Bernadet, Bernadett, Bernadeta, Bernadetta*

Bernharda, Bernhardine weibliche Formen von Bernhard; germanisch »Bär« + althochdeutsch »hart, kräftig, stark« *Bernarda, Bernarde, Bernadette*

Bernhild germanisch »Bär« + althochdeutsch »Kampf« *Bernhilde*

Berni deutsche Koseform von Namen, die mit »Bern-« beginnen

Berta, Bertha (althochdeutsch) »die Glänzende«. Kurzform von Alberta

Berthild (althochdeutsch) »beraht« = glänzend + »hiltja« = Kampf

Bertina deutsche Kurzform von Albertina und Erweiterung von Berta

Bertraud althochdeutsch »glänzend« + germanisch »Kraft, Stärke«

Bertrun (althochdeutsch) »beraht« = glänzend + »runa« = Kampf

Beryl (englisch) abgeleitet von der Bezeichnung für den Halbedelstein Beryll

Besa (albanisch) Versprechen, Ehrenwort

Bess, Bessie, Bessy (englisch) englische Kurzformen von Elisabeth

Beta, Beth, Betha deutsche Kurzformen von Elisabeth

Bethany (englisch) abgeleitet von dem im Neuen Testament erwähnten Dorf Bethanien (östlich von Jerusalem)

Bethsabée französische Form von Batseba

Betina Erweiterung von Beta oder Schreibvariante von Bettina *Bettine*

Betsy (englisch) geläufige Form von Elizabeth *Betsey, Betsi, Betsie*

Betta, Bette, Betti Kurzformen von Elisabeth (Vollkommenheit). Italienisch Betta, englisch Bette

Bettina italienische Kurzform von Elisabettina *Bettine, Betina, Betine, Betti*

Betty (englisch) Koseform von Elizabeth. Auch aus dem Lateinischen (»die Geliebte«)

Betül (türkisch) »die Unschuldige«; hilfsbereite und sehr freundliche und sensible Person. Auch ein Beiname der Jungfrau Maria

Betula (hebräisch) Mädchen, Jungfrau

Beverly (englisch) abgeleitet von einem Ortsnamen (Beverly in Yorkshire, England)

Beyza (türkisch) »die Weiße«

Beyzanur (türkisch) weißes Licht

Bharati (Sanskrit) erhalten werden

Bianca (italienisch) weiß, glänzend, schön *Bianka, Biancha, Biancia, Blanca, Blanka*

Bibi (persisch) Dame

Bibiana (lateinisch) Nebenform zu Viviane. Seit dem Mittelalter durch die Verehrung der Heiligen Bibiana, Helferin bei Fallsucht und Kopfschmerzen (4 Jh.) verbreitet.

Biggi Koseform von Brigitte oder Birgit

Bilha (biblisch) Sorglosigkeit. Nach dem Alten Testament gebar Bilha anstelle ihrer unfruchtbaren Herrin Rahel Jakob die Söhne Dan und Naftali.

Bilke niederdeutsche Koseform von Sibylle

Bille Kurzform von Sibylle

Bina (neuhebräisch) Einsicht, Verstand *Bena*

Binah (Nigeria: Bobangi-Sprache) Tänzerin

Bine Kurzform von Namen, die auf »-bine« ausgehen wie Sabine, abgeleitet von Gegend in Mittelitalien.

Binia Erweiterung von Bine

Bionda (italienisch) »die Blonde« oder Blondine

Birdie (englisch) Vogel. Geläufige Form von Bertha

Birga, Birge Kurzformen von Birgit, Brigitta

Birgit, Birgitt, Birgid schwedische Form von Brigitte, entstammt dem keltischen Namen Brigit

Birgitta, Birgitte Brigitte-Varianten aus Schweden, Dänemark und Norwegen; norwegische Kurzform Beret

Birke vom altdeutschen »Burg« oder »-burg« abgeleitet, heute aber auch vom gleichnamigen Baum

Birkhild (althochdeutsch) Neubildung aus Birke und dem Namensbestandteil »-hild«, althochdeutsch: Kampf

Birsen (türkisch) »du bist eins, die Einzige«

Birte, Birthe Kurzformen von Brigitte und Birgit

Biruta (polnisch) klein, kleines Mädchen

Bitja (biblisch/hebräisch) Tochter Gottes

Blanca, Blanka (spanisch) »die Weiße«

Blanda (lateinisch) schmeichelnd, liebkosend, reizend, freundlich

Blandina, Blandine Weiterbildung von Blanda

Blinda (englisch) Kurzform von Belinda

Blomma (schwedisch) Blume

Blondelle (französisch) blond *Blondie*

Bo phonetische Schreibweise von Beau; zum Teil auch chinesisch für kostbar, wertvoll, unschätzbar, nicht eindeutig geschlechtsbestimmend

Bonina (italienisch) gut, artig

Bonita (spanisch) hübsch, nett *Bonnetta*

Bora tschechische Kurzform von Barbora (Barbara)

Borghild niederdeutsche Form von Burghild

Branislava (urslawisch) weibliche Form von Branislav (Beschützer der Slawen)

Branka (slawisch) Variante von Branislava

Brenda (schottisch, irisch) weibliche Form von Brendan (der Prinz)

Brett (englisch) Kurzform von Brittany

Briana, Brianna (keltisch) »die Starke« *Brana*

Bridget (englisch) Variante von Brigitte

Brigitta nordische Versionen von Brigitte

Brigitte (keltisch) »die Hohe«, »die Erhabene«

Brina (lateinisch) Kurzform von Sabrina, geläufige Form von Briana *Brinn*

Briona (englisch) Variante von Briana

Brisa Kurzform des süddeutschen Heiligennamen Brictius, Brixius; »der Starke, Kräftige«

Brita, Britt, Brit Kurzformen von Brigitta *Bretta*

Britney, Brittney, Brittny (englisch) Nebenform von Brittany *Bridnee, Bridney, Britnay, Britnee*

Britta schwedische Kurzform von Brigitta

Briyana, Briyanna (englisch) Varianten von Briana

Bronja (polnisch) Kurzform von Bronislawa; urslawisch (be-)kämpfen und Ruhm, Ehre

Brooke (englisch) Bach

Brooklyn, Brooklynn (englisch) Stadtbezirk von New York

Bruna Kurzform von Brunhild

Bruni Koseform von Brunhild

Burga (althochdeutsch) Kurzform von Namen mit »Burg-« oder »-burg«

Burgunde Neubildung zum Landschaftsnamen Burgund

Buschra (arabisch) gute Neuigkeit

Bustan (arabisch/neuhebräisch) Obstgarten

Cäcilia (lateinisch) »aus dem Geschlecht der Caecilier« *Caecilia, Cäcilie*

Cala (arabisch) Burg, Festung. Siehe auch Kala *Calan*

Calandra »kalandros« = die Lerche (altgriechisch), »calandrus« = die Lerche (lateinisch); »schöne Jugend«, »gutaussehend, schön«

Calida (spanisch) warm, leidenschaftlich *Calina*

Callioppe (griechisch) »wunderschöne Stimme«; griechische Muse der Beredsamkeit, Lyrik und der heldenhaften Poesie; Mutter von Orpheus

Callista vom spätrömischen Vornamen »Callistus«, vom griechischen Wort »kallistos« (am schönsten) *Kallista*

Calvina (lateinisch) weibliche Form von Calvin (ursprünglich in Frankreich gebräuchlicher Familienname Chauvin, zu Ehren von Jean Chauvin (Johannes Calvin) (1509-1564), in etwa »der kleine Kahle« *Calvine, Calvinetta, Calvinette*

Cameron schottischer Familien- bzw. bekannter Clan-Namen als Vorname. Siehe auch Kameron *Cameran, Cameren*

Camilla (lateinisch) Altardienerin *Camille*

Candia englischer Vorname nach dem historischen Namen der Stadt Iraklion (Insel Kreta, Giechenland)

Candra (lateinisch) glühend, begeistert. Siehe auch Kandra *Candrea, Candria*

Cansu (türkisch) »can« = Seele, Leben + »su« = Wasser

Cantara (arabisch) Brücke

Cara (italienisch) lieb oder teuer *Carah, Karah*

Careen Erweiterung von Cara oder Nebenform von Karen

Carey angloamerikanische Variante von Cara, Caroline, Karen, Katherine *Caree, Carrey, Cary*

Carima (arabisch) Schreibvariante von Karima (wohltätig, großmütig)

Carin andere Schreibweise für den schwedischen Namen Karin

Carina (italienisch) »die Hübsche«. Variante von Karen *Carena, Carine*

Carisa, Carrisa, Carissa (lateinisch, italienisch) »die Geliebte« *Carisia, Charisa, Carissia*

Carissima (italienisch) »die Liebste« oder »die Wertvollste«

Caritas (lateinisch) Nächstenliebe

Carleen irische Weiterbildungen von Carla

Carlin englische Schreibweise von Carleen *Carlyn, Carlynn*

Carlina Variante von Karlina (Weiterbildung von Karla)

Carlotta italienische Form von Charlotte *Carlita, Carlota*

Carmela spanische Nebenform von Carmen *Carmella*

Carmelina Weiterbildung von Carmela

Carmen (spanisch) Kurzform von »Jungfrau Maria vom Berg Karmel«

Carmina italienische Nebenform von Carmen

Caro Kurzform von Carola, Carolina, auch niederländisch

Carola latinisierte Form von Karla

Carole französische Variante von Carol *Carolee, Karole, Karrole*

Carolin Verkürzung von Carolina und Caroline

Carolina andere Form von Karolina, Weiterbildung von Carola

Caroline andere Form von Karoline

Carolyn (englisch) Variante von Caroline *Carilyn, Carilynn, Carilynne, Carlynne, Carolyne*

Cassandra (griechisch) andere Form von Kassandra

Cassidy (gälisch) lockig, »mit lockigem Haar«

Cassiopeia (griechisch) nach einer Gestalt aus der griechischen Mythologie, auch Name eines Sternbildes, die Mutter der Andromeda, wie diese an den Himmel versetzt

Catalina spanische Form von Katharina

Caterina italienische Form von Katharina *Catherina*

Catharina andere Form von Katharina *Catharine*

Cathi, Cathy (englisch) Varianten von Catherine, Cathleen *Cathie*

Cathleen englische Form von Kathrin

Cathryn (englisch) Variante von Catherine

Catina italienische Koseform von Caterina

Catja andere Schreibweise für Katja

Cato ursprünglich französische, dann niederländische Kurzform von Katharina

Celena Variante von Selena (nach der griechischen Mondgöttin Selen) *Celeena, Celenia*

Celia Kurzform von Cäcilia *Ceilia, Celie*

Celina, Céline Variante von Celena, Selena; aber auch Kurzformen von Marceline, einer weiblichen Form des lateinischen Marcel *Caline, Celine, Celeen*

Centa italienische Kurzform von Vincenta

Cera (französisch) Kurzform von Cerise

Cerise (französisch) Kirsche, kirschrot

Ceyhan (türkisch) Gazelle

Chabela spanische Koseform von Isabel

Chadée (französisch) »aus dem Tschad kommend«

Chaka (indisch) Variante von Chakra *Shaka*

Chakra (indisch) Rad, Kreis (der Energie)

Chana (hebräisch) Variante von Hannah

Chandra (Sanskrit) Mond, auch der Hindu Gott des Mondes

Channah neuhebräische Form von Hanna

Chantal (französisch) »die Singende« *Chantale, Chantalle*

Charis (griechisch) Liebreiz, Huld oder Anmut *Charice, Charie*

Charlotte (französisch) Weiterbildung von Karl

Chaya spanisch: umgangssprachliche Bezeichnung für ein attraktives Mädchen; hebräisch: »Mutter des Lebens«

Chenoa indianischer Name (weiße Taube) *Chenoah*

Cher (afghanisch) Kurzform von Cheryl, Cherilynn

Cherie (französisch) Teure, Varianten von Cher

Chiara italienische Form von Clara, Klara

China (amerikanisch) Porzellan

Chinara (afrikanisch) »von Gott empfangen«

Chivani (kambodschanisch) Leben

Chloe (griechisch) »junge Frau, junges Grün, junges Gras, junger grüner Zweig«. Anderer Name für Demeter, die Göttin der Landwirtschaft *Chloé, Chlöe, Chloee*

Christiane (lateinisch, griechisch) weibliche Form von Christian (»zu Christus gehörend, Christi Anhänger«) *Christianne*

Christina andere Form von Christine

Christine andere Form von Christiane *Kristine, Chrystine, Cristeen, Cristene, Crystine*

Chrystal (lateinisch) Variante von Christal

Ciara moderne irische Form von Ciarán (Verleinerungsform vom gälischen schwarz) *Ciarra*

Cidney (französisch) Variante von Sydney

Cilia Kurzform von Cäcilia

Cilla Variante von Zilla, Kurzform von Cäcilie *Cilli, Cilly*

Cinderella englische Bezeichnung für Aschenputtel

Cindy (englisch) geläufige Form von Cynthia. Siehe auch Sindy *Cindee, Cindi, Cindl*

Cinthia, Cinthya Schreibvarianten von Cynthia

Claire französische Form von Clara

Clara (lateinisch) andere Schreibweise von Klara

Clarisa Variante von Clarissa *Claresa*

Clarita (spanisch) Variante von Clara *Clairette, Clarette, Claritza*

Claudette (französisch) Variante von Claudia *Claudine*

Claudia weibliche From von Claudius, der Name bezeichnet die Zugehörigkeit zu einem Patriziergeschlecht und leitet sich von latein: »claudere« = verschließen, zuschließen ab. Claudia bedeutet somit: »die Verschlossene«

Clea Variante von Cleo, Clio

Clementina, Clementine weibliche Formen von Clemens (sanft, gnädig)

Cleo Kurzform von Cleopatra

Cleopatra (ägyptisch) »Ruhm dem Vater«

Clio (griechisch) geht auf den Namen der Muse der Geschichte zurück (»Ich rühme, preise, verkünde«)

Cloe (englisch) Variante von Chloe *Clo, Cloey*

Cölestine abgeleitet vom lateinischen Beinamen Caelestinus (himmlisch)

Coletta (italienisch) Kurzform von Nicoletta

Colette (französisch) geläufige Form von Nicole

Colinda niederländische Erweiterung von Coline

Coline Koseform von Nicole, zum Teil auch französische Wiedergabe von Coleen

Colleen abgeleitet vom gälischen »cailín« = Mädchen

Collete französische Kurzform von Nicoletta

Concetta Der Name basiert auf dem Partizip von »concipere« = empfangen und bezieht sich auf das Fest von der unbefleckten Empfängnis Marias (8. Dezember)

Conchita (spanisch) »kleine Muschel«

Concordia (lateinisch) harmonisch. In der Mythologie Name der Göttin, die den Friede nach dem Krieg regiert

Connie (lateinisch) Kurzform von Constance, Cornelia

Constanze (lateinisch) fest, beständig, standhaft; französisch und englisch: Constance

Consuelo (spanisch) Trost, geht auf den Beinamen Marias zurück

Cora (griechisch) Jungfrau, Mädchen

Corazon (spanisch) Herz

Cordelia Nebenform von Cordula, Kordula

Cordula (lateinisch) zunächst mit lateinisch »cordus« =spät geboren, spät entwickelt verbunden, später dann auch mit »cor, cordis« = Herz in Verbindung gebracht (Herzchen)

Corinna (griechisch) Jungfrau, Mädchen *Corina, Corinne*

Cornelia weibliche Form von Cornelius (»stark wie ein Horn« oder »aus dem altrömischen Geschlecht der Cornelier«)

Cosima weibliche Form des italienischen Namens Cosimo, der vom altgriechischen Kosmas abgeleitet wurde. (ordentlich, sittlich, ruhig); Variante Cosma

Cosma Variante von Cosima

Cosmea (griechisch) Schmuckkörbchen

Crista, Crysta (englisch) Varianten von Christa

Cynthia (griechisch) Beiname der Fruchtbarkeitsgöttin Artemis, welche bei den Amazonen als Jagd- und Mondgöttin verehrt wurde; bedeutet »vom Berg Kynthos stammend«

Cyrilla (griechisch) Herr (Gott)

Dagmar ursprünglich aus dem slawischen Namen Dragomir (lieb und Frieden) abgeleiteter dänischer Frauenname (Tag und berühmt). Auch die weibliche Form des altdeutschen männlichen Namens Dagomar, »dag« = Tag/»mari« = groß

Daisy (englisch) Gänseblümchen

Dalila spanische Nebenform von Delilah

Damaris (griechisch) Gattin oder Geliebte

Dana nordisch (»die Dänin«), aber auch slawische Kurzform für Daniela

Dania slawische Kurzform von Namen, die mit dem Wortbestandteil »Da-« beginnen

Daniela italienische weibliche Form von Daniel

Danielle französische Form von Daniela

Danila bulgarische Form von Daniela

Danja andere Form vom Neuhebräischen Danya

Danuta aus dem Polnischen übernommener Name litauischer Herkunft, Variante von Daniela

Danya (neuhebräisch) »Richterspruch Gottes«

Daphne (griechisch) Lorbeer

Darina (tschechisch) Geschenk

Darleen angloamerikanische Weiterbildung des englischen Darling (= Liebling)

Davina schottische Form von Davida

Debora, Deborah (biblisch) »die fleißige Biene«

Deike niederdeutsche Kurzform von Namen, die mit »Diet-« beginnen

Delia (griechisch) »die von der Insel Delos Stammende«

Delila, Delilah (hebräisch) »die mit dem langgelockten Haar«

Denise französische weibliche Form von Denis, Dennis

Desidera (lateinisch) weibliche Form von Desiderius (Sehnsucht, Wunsch)

Desiree (lateinisch) eingedeutschte Form von Désirée

Désirée (lateinisch) französische Form von Desidera (die Erwünschte, Ersehnte)

Diana (lateinisch) Name der römischen Natur-, Jagd-und Mondgöttin *Diane*

Dina (hebräisch) »eine, der zu Recht verholfen wurde«

Dolores (spanisch) schmerzensreiche Mutter

Dominika (lateinisch) weibliche Form von Dominikus (zu Gott gehörend)

Dominique französische Form von Dominika

Donata (lateinisch) weibliche Form von Donatus (von Gott beschenkt)

Dora , Dore Kurzform vom ursprünglich griechischen Dorothea, Theodora

Dorette französische Koseform von Dorothée

Doris (griechisch) Kurzform von Dorothea, Theodora (»die Dorierin«)

Dorit (griechisch) Kurzform von Dorothea

Dorothea, Dorothee (griechisch) Gottesgeschenk. Seltene Schreibvariante: Dorotea *Dorte, Dorthe*

Dörte, Dörthe niederdeutsche Form von Dorothea

Dunja slawischer Name griechischen Ursprungs (»die Wohlangesehene«, »die Geschätzte«)

Dyveke (niederländisch) Täubchen

Ebba (althochdeutsch) Kurzform von Namen, die mit dem Wortbestandteil »Eber-« beginnen

Ebergard (altdeutsch) »ebur« = Eber/»gard« = Gehege, Hort, Schutz

Ebergund (altdeutsch) »ebur« = Eber/»gund« = Kampf

Eberhild (altdeutsch) »ebur« = Eber/»hiltja« = Kampf

Ebony (amerikanisch) Ebenholz

Edda (althochdeutsch) Kurzform von Namen, die mit »Ed« beginnen wie z.B. Edith *Eda*

Edith (englisch) »ead« = Glück, Reichtum/»gua« = Kampf

Edmunda (althochdeutsch) weibliche Form von Edmund (altenglisch für Erbgut, Besitz und Schutz, Schützer

Edna (hebräisch) Entzücken

Edwina weibliche Form von Edwin (altenglisch »ead« = Erbgut, Besitz + altenglisch »wine« = Freund)

Efthalia (griechisch) Blume

Eike auch als weiblicher Vorname gebräuchliche niederdeutsche Kurzform von Namen mit Eg- und Agi- , von ahd. »agal« = Schwertspitze

Eila norwegische Kurzform von Eileen, keltisch/germanisch »die Leuchtende«

Eileen irische Form von Helene (»die Glänzende«, »die Strahlende«)

Eithne (gälisch) Kern, Samenkorn

Ekaterina Vollform für Katharina in russischer Sprache

Ela Kurzform von Namen, die mit »El-« beginnen, besonders von Elisabeth; auch Kurzform von Manuela oder Daniela.

Elaine von Helene abgeleitet, französische Form von Helena (»die Glänzende, Wärmende«, »das Licht« oder »die Leuchtende«)

Elea Kurzform von Eleanor; »Gott ist mein Licht«

Eleanor englische Form von Eleonore (sorglos, unbeschwert)

Elektra (altgriechisch) »der Bernstein«, »die Strahlende«

Elena italienische und spanische Form von Helena, auch Kurzform von Helene; kommt vom griechischen Helena (»die Leuchtende« und »die Strahlende«). Im Chinesischen heißt Elena »die Liebe« und »die Lotosblume«

Elene (griechisch) Kurzform von Helene (hell, leuchtend, strahlend)

Eleni (griechisch) das Licht, die Sterne aus dem griechischen »Helios«, welches für Sonne steht... somit bedeutet Eleni »die Leuchtende«. In der antiken griechischen Dichtung wurde der Name auch als Begriff für Sonne oder Mond gebraucht.

Elenora (arab.-griech.) »Gott ist mein Licht« Nebenform von Eleonore

Eleonore (arabisch) »Gott ist mein Licht«

Elfi (althochdeutsch) Kurzform von Elfriede (Elfe + Stärke)

Elfriede (althochdeutsch) »alf« = Elfe/Naturgeist und »fridu« = Friede *Elfrieda, Elfrida, Elfreda*

Elfrun (althochdeutsch) »Geheimnis der Nacht«

Eliane, Eliana weibliche Formen von Elias (»Mein Gott ist Jahwe«) *Elis*

Elida (isländisch) »das schnell segelnde Schiff«

Elina (slawisch) Kurzform von Helena; »die Leuchtende«, »die Strahlende« oder »Engel« (griech.), auf keltisch »Wasser des Lebens« *Eline*

Elis »die Gott Verehrende«

Elisa Kurzform von Elisabeth

Elisabeth (hebräisch) »Mein Gott ist Vollkommenheit«

Elisabeth, Elisabet (biblisch/ hebräisch) Vollkommenheit *Elizabeta, Elisavet, Elisaveta*

Elisabetta italienische Form von Elisabeth

Elisaveta »Gott ist Fülle« (hebräisch); bulgarische, russische bzw. slawische Form des Namens Elisabeth

Elishewa (hebräisch) »Gott ist mein Schwur« (Grundform des Namens Elisabeth)

Elita überdurchschnittlich qualifizierte Person. (Teil einer Funktionselite oder Leistungselite)

Eliza Abkürzung von Elisabeth

Elizabeth englische Form von Elisabeth

Elka ostfriesische Kurzform von Adelheid; mazedonisch: Tannenbaum

Ella Kurzform der Namen Elisabeth, Eleonore und Elfriede; »schöne, feenhafte Frau«, aber auch »die Schöne, Schlaue und Kluge« oder »die Höchste« oder heisst »Gott sei mein Licht«

Ellen englische und dänische Kurzform von Helene (hell, leuchtend, strahlend) *Ellena*

Ellina andere Form von Elina

Ellinor englische Form von Eleonore

Elma stammt ab von Wilhelmine; ebenso Nebenform von Alma; auch türkisch für Apfel

Elmas (türkisch) ein funkelnder Diamant

Elmira spanischer Name arabischer Herkunft (»die Fürstin«)

Elna (schwedisch) skandinavischer Schlachtruf

Elodie Sieg und Kraft, »die Vollkommene«

Elsa, Else (hebräisch) »Gott ist vollkommen«

Elsbe norddeutsche Abkürzung für Elisabeth

Elsie englische Kurzform von Elizabeth *Elsy*

Elske niederdeutsche und friesische Kurzform von Elisabeth; aber auch von norwegisch »elsker« = lieben

Elva (schwedisch) »die Elfe«

Elvira spanischer Name gotischer Herkunft (»die den Besitz Bewahrende«)

Elwina »Freundin der Elfen«, englische Form des altdeutschen Namens Alwina

Elzbieta (polnisch) »mein Gott ist vollkommen«

Ema spanische Form von Emma

Emalia »die Tapfere, die Tüchtige«

Emanuela weibliche Form von Emanuel (»Gott ist mit uns«)

Emanuelle (französisch) Wunschkind

Emel (türkisch) Wunsch, Hoffnung, Ziel

Emelie »die Tapfere«, »die Tüchtige«, »die Tatkräftige« (Nebenform von Amelie)

Emer aus der irischen Mythologie (»die Geliebte«)

Emerenz (afghanisch) »die Würdige, die Verdienstvolle«

Emerita (lateinisch) »die Verdienstvolle«

Emese (ungarisch) Mütterlein, kleine Mutter

Emilia weibliche Form von Emil; »die Eifrige« oder auch »die Unerreichbare, die Hübsche und Fröhliche«; italienisch: »die aus dem Geschlecht der Aemilier Stammende«

Emilie französische Form von Emilia

Emina Die Mutter des Propheten Muhammeds

Emine aus dem Arabischen (Amine), Name der Mutter des Propheten Mohammed. Im Türkischen ist Emin ein Männername (sicher); Bedeutung also »die Vertrauenswürdige oder Selbstsichere«.

Emira albanisch »die Gute, die Schöne«; auf arabisch »die Prinzessin«

Emma (altdeutsch) Kurzform von Namen, die mit dem Wortbestandteil »Irm« beginnen; abgeleitet von »Irma« = gewaltig, groß, erhaben, allumfassend. *Emmi, Ema, Emmy*

Emmanuelle weibliche Form von Immanuel (»Gott mit uns«)

Emmeline neuere Form des alten deutschen Namens Ameline; das ist eine Kurzform von Amalindis (tapfere Schildträgerin) *Emmely*

Ena »die Leuchtende« oder »die Strahlende« (griechisch); Kurzform zu Helena; auch »die Eine« (schwedisch); auch »die alleine Kämpfende«

Enesa (bosnisch) vom arabischen Anesa abgeleitet (»gute Freundin, treue Gefährtin«)

Enfys (walisisch) Regenbogen

Engeline (althochdeutsch) Weiterbildung der Kurzform Engel, diese kommt von Namen die mit »Engel- « anfangen, diese kommen vom Stammesname der Angeln oder von ahd. »angul« = Angel(haken), Spitze oder von ahd. »ango« = Angelpunkt, Mittelpunkt

Enid (keltisch) kleines Feuer

Enja (flämisch, keltisch) Kern

Enke (friesisch) Schwertspitze

Enna ostfriesische Kurzform zu Namen mit »Agin-«, »Egin-«

Enrica weibliche Form von Enrico/Heinrich (Haus, Herrschaft)

Enya (keltisch) »Wasser des Lebens«

Era (albanisch) Wind, Duft

Erblina (albanisch) der Duft der Linde; »Erë« = Duft, »Bli« oder »Bliri« = Linde

Erda (albanisch) »Urmutter Erde«

Erika, Erica weibliche Bildungen des nordischen Namens Erik (alleiniger Herrscher)

Erin (irisch/schottisch) »die Irin«, »aus Irland kommend«, auch Frieden, andere Form des Namens »Eireanne«. Geht auf den ursprünglichen Namen Irlands (Eire) zurück

Erina aus dem Tessin (Schweiz) und stammt vom Namen Irene ab (Friedensgöttin)

Eris (griechisch) Zwietracht, Göttin der Zwietracht und des Streites

Erla (althochdeutsch) »die Freie, Vornehme«

Ermina niederdeutsche und friesische Kurzform von Namen mit Ermin, Erm, Irmin, Irm von ahd.: gewaltig, groß, erhaben, allumfassend

Erna Kurzform von Ernestine, der weiblichen Form des männlichen Namens Ernst (Ernst, Beharrlichkeit, Entschlossenheit)

Ernesta (altdeutsch) Ernst, Beharrlichkeit, Entschlossenheit

Erza (albanisch) »era« = Duft

Esen (türkisch) »die Wehende«, gesund

Esengül (türkisch) »wohlbehaltene Rose, wehende Rose«

Esin (türkisch) Inspiration, morgendliche Brise

Eslinda (kurdisch) Schönheit

Esmeralda (spanisch) Smaragd, Edelstein

Esperanza (spanisch) Hoffnung

Esra helles Licht, das im Dunkeln den Weg zeigt (Gottes Hilfe)

Esta englische Kurzform von Estalind, zur angelsächsischen Frühlingsgöttin Eostre. Ähnlich im deutschen: Esther

Estella Variante von Estelle (Stern) Bedeutung: die Schnelle, Buch der Bibel

Estelle französische Form von Stella

Estera (kurdisch) Stern

Esther biblischer Name mit persischem Ursprung (Stern), also auch »die Leuchtende«

Estrela galizische Variante von Stella

Estrelle italienische und spanische Form von Stella (Stern); französisch Estelle *Estrell, Estrella*

Eszter (persisch) Stern, aber auch Myrte (Pflanze der Reihnheit, auch Jungfernkraut genannt)

Etana (afrikanisch) »die Starke«

Etelka ungarische Form des deutschen Namens Adelheid

Ethel englische Variante von Edel

Etiennette französische Form von Stefanie

Etiennette französische Form von Stefanie, Stephanie

Etna Kurzform von Henrietta

Etta stammt aus dem Angelsächsischen und heißt dort Edgith, deutsch auch Edith, hebräisch auch Esther (»die den Besitz Wahrende«).

Ettina, Ettje (friesisch) »die Edle«

Eudoxia (griechisch) »die Gläubige«, sehr/streng gläubig

Eufemia (griechisch) Heiterkeit

Eufrasia alter brasilianischer Name, auch portugiesisch; stammt vom griechischen Namen Euphrosine und ist ursprünglich lateinisch (Heiterkeit).

Eugenia (griechisch) »die edel Geborene«, »die glücklich Geborene« oder »die Wohlgeborene«

Eugènie weibliche Form von Eugen

Eulalia (griechisch) »die gut Redende« oder »gute Gesellschafterin«

Eunice, Eunike (griechisch) »die gute Friedliche«, griechisch »eu« = gut, »Nike« = Siegesgöttin, also ein guter Sieg

Euphemia (griechisch) »Frau von gutem Ruf« oder »das Sprechen von glückverheissenen Worten«

Euphrosyne in der griechisch-römischen Mythologie eine der Chariten (römisch Grazien), als Göttin der Anmut und Dienerin der Ehe- und Familiengöttin Hera (römisch Juno) und der Liebes- und Anmutsgöttin Aphrodite (römisch Venus) für den Frohsinn verantwortlich

Europa (griechisch) abgeleitet aus der griechischen Mythologie, Name der Gemahlin von Zeus, die auch Namensgeberin für den europäischen Kontinent war

Eurydike (griechisch) altgriechische Sagengestalt, Frau von Orpheus

Eusebia weibliche Form von Eusebius (gut und fromm)

Euthymia (griechisch) »die, die guten Mutes ist«

Ev (israelisch) Kurzform von Eva

Eva (hebräisch) Leben, lebendig *Eve, Evi, Ewa*

Evalotta (griechisch) liebenswerte und perfekte Frau *Evalotte*

Evamaria zusammengesetzt aus Eva und Maria

Eve englische Form von Eva (Leben, lebensspendend), Weiterbildungen Evelyn, Evelyne, Evelin, Eveline

Evelin aus dem Französischen (kleiner Vogel), ebenso »die Leben Schenkende«

Evelina Leben spendend, Variante von Evelin *Eveline, Evelyn*

Evgenia Variante von Eugenia (»die Wohlgeborene«)

Evi Kurz- und Koseform von Eva, Evelyn

Evica (serbisch) Verkleinerungsform von Eva

Evin (kurdisch) Liebe

Evita spanische Form von Eva

Evke (niederdeutsch) »die mit der Stärke des Ebers versehen ist«

Evodie (altgriechisch) »ein guter Weg«, »die einen guten Weg geht«

Evrim (türkisch) Evolution

Ewa polnische Form von Eva

Ewara (hebräisch) ausgleichende Gerechtigkeit

Ewelina (polnisch) »die Leben Schenkende«

Ewgenia Variante von Eugenia (»die Wohlgeborene«)

Eyke Variante von Eike

Eyleen abgeleitet von Helena, »die Strahlende, die Sonnenhafte«

Eylem (türkisch) »die Aktive«, Aktivität

Eylül (türkisch) September (das Bunte, das Farbige)

Eyrin (irisch) Variante von Irene

Ezana (bosnisch) Morgengebet

Ezel (türkisch) »der Anfang von Allem«

Ezgi (türkisch) Melodie

Ezra (hebräisch) Hilfe

Fabia (lateinisch) »die Bohnenzüchterin«

Fabiane weibliche Form von Fabian; französisch Fabienne; italienisch Fabiola

Fabiella (italienisch) »schöne, kleine Bohne«

Fabiene (französisch) »die Bohnenzüchterin«

Fabienne französische Form von Fabiane

Fabijana südslawische Schreibweise von Fabiana

Fabiola italienische Form von Fabiane

Fabricia (italienisch) aus dem Geschlecht der Fabrizier

Fabrizia deutsche Schreibweise des italienischen Fabricia

Fadia (arabisch) Ritterin

Fadrina rätoromanische Form zu Friederike

Faina (altgriechisch) »die Strahlende, die Scheinende«

Fairuza (persisch) türkis

Faith (amerikanisch) Glaube, Schicksal, Treue, Versprechen

Famke (friesisch) kleines Mädchen

Fang (chinesisch) süß, duftend

Fanni Kurzform von Stephanie, Stefanie, Franziska *Fannie, Fanny*

Farida (arabisch) »die Beste«

Farimah (persisch) »herrlicher Mond«

Farina neuerer Vorname, der sich offensichtlich vom italienischen Wort für Mehl ableitet. Im Britischen bedeutet Farina: Blütenstaub

Farinam (persisch) »ruhmreicher Name«

Farisa (arabisch) weibliche Form von Faris (Ritterin, Kämpferin)

Farnasz (altpersisch) »die Herrliche, die Ruhmvolle«

Farrah (arabisch) andere Schreibweise von Fara/Farah

Fasila (persisch) viel Glück

Fastrada (althochdeutsch) fester Rat

Fastrade (altdeutsch) Ratgeber

Fatbardha (albanisch) reines Glück

Fatima (arabisch) abgeleitet von »fatama« = abstillen, entwöhnen, sich enthalten; Name der jüngsten Tochter Mohammeds (7. Jahrhundert), Bedeutung auch: prachtvoll

Fatjeta (albanisch) Glück im Leben, Glück = »fat«, Leben = »jeta«

Fatjona (albanisch) unser Glück, »fat« = Glück, »jona« = unser

Fatlinda (albanisch) glückliche Geburt, Glück geboren, (»fat« = Glück, »linda« = geboren)

Fatlume (albanisch) »die Glückliche«

Fatma türkische Variante von Fatima

Fatmire (albanisch) Schönheit oder Glück

Fatna (arabisch) »die Kluge«, »die Weise«

Fatou (afrikanisch) Abwandlung von Fatima (jüngste Tochter des Propheten Mohammed).

Fausta (lateinisch) weibliche Form von Faustus (günstig, beglückend)

Faustina (lateinisch, italienisch) Weiterbildung von Fausta

Fauziya (afrikanisch) Erfolg

Fawn (englisch) junges Wild, Rehkitz

Fay (englisch) Fee

Faye andere Form von Fay

Fayola (nigerianisch) in der Yoruba-Sprache »Glück geht einher mit Ehre«

Fazilet (türkisch) innere Schönheit

Federica italienische Variante von Friederike

Fedora russische Form von Theodora, griechisch »Geschenk der Götter«

Fedra spanische Abkürzung von Federica

Fee (lateinisch) Glück, abgeleitet von lat. »felix,icis« = glücklich, Kurzform von Felizia, Felizitas

Feenja nordische Sagengestalt (eine Riesin) mit riesigen Kräften

Felek kurdisch: Schicksalsschlag, türkisch: Schicksal

Feli »die Glückselige«

Felia (hebräisch) »die Glückliche«, das Glück

Felice (französisch) »die Glückliche«

Felicia andere Form von Felizia

Felicidad (spanisch) Glück *Felicidade*

Felicitas andere Form von Felizitas

Felicity englische Form von Felizitas

Felina (lateinisch) Kätzchen

Feline (lateinisch) Kätzchen, Variante von Felina

Felipa vom altgriechischen Philippa (die Pferdefreundin)

Felizia, Felicia weibliche Formen von Felix (»die Glückliche«) *Felicja*

Felizitas (lateinisch) Glückseligkeit oder Fruchtbarkeit *Felicitas*

Femi (altägyptisch) Liebe

Femke Koseform von Euphemia (»gute Vorbedeutung, Verheissung von Glück und Frieden«)

Fenella (gälisch) englische Form von Fionnguala, »fionn« = weiß und »guala« = Schulter

Fenja friesische Koseform von Namen, die mit dem Wortbestandteil »Fried-« beginnen

Fenke (niederdeutsch) Friede und Schutz

Fenna niederdeutsch-niederländisch-friesische Kurzform von Namen, die Frieden bedeuten, Nebenform von Fenja

Feodora andere Form von Fedora

Feraye (türkisch) Mondschein

Ferda (türkisch) Zukunft, morgen

Ferdinande (romanisch) Freiheit

Ferhild Nebenform von Farhild (»Reisende/Fahrende Kämpferin«) von ahd. »faran« = fahren, reisen und »hiltja« = Kampf

Ferial (arabisch) großes Herz, warmherzig

Feride (albanisch) »die Einzigartige«, eine sehr kostbare Perle

Ferike ungarische Form von Franziska

Ferozan (afghanisch) »die Leuchtende/Scheinende«, helles Licht

Ferula (lateinisch) Gerte, Rute

Ferun aus dem Nordisch-Germanischen (»die Freude Zaubernde«)

Festina (albanisch) »die Feste, Standhafte«

Feta griechische Käsesorte

Fethiye (türkisch) Eroberung, weibliche Form von Fethi

Fey (englisch) Fee

Feyza (arabisch) Gottes Segen

Feza (türkisch) das Universum, die unendliche Weite

Fi (orientalisch) kleine Blume/Pflanze

Fia Kurzform zu Sophie, Sophia

Fiamma (italienisch) die Flamme

Fiammetta (italienisch) die kleine Flamme

Fidan (albanisch) kleines Bäumchen, die Zerbrechliche, kleiner Sprössling

Fidelia (lateinisch) »die Treue«

Fides (lateinisch) Glaube, Treue oder Vertrauen (lateinisch)

Fieke friesische Kurzform von Sophie, »die weiße Siegerin«

Fiete nordische Kurzform von Friedrich, »die Friedliche«

Fijona (gälisch) »die Schöne«

Filia die Freundin (griechisch), die Tochter (lateinisch), Freundschaft, Liebe, die auf Freundschaft und Anerkennung basiert.

Filicitas (italienisch) »die Glückliche«

Filina (griechisch) »gute Freundin«

Filippa italienische Form von Philippa (Freund der Pferde)

Filiz (orientalisch) die Knospe, der Spross, aufgehender Sprössling

Filomena »die Geliebte« (griech.), »Tochter des Lichts« (latein.) oder »die das Leben liebte«

Fina Kurzform von Josefina bzw. Josefine

Fine Kurzform von Josefine

Finia, Finja weibliche Varianten des nordischen Names Finn, Finja ist eine russische Koseform des Namens Rufina. Rufina geht wiederum auf Rufus zurück und bedeutet »der Rote«

Finka kroatisch/serbisch: von Fina (fein, zart, zierlich, anständig)

Finna weibliche Form von Finn (weiß, hell, blond, Angehöriger des finnischen Volkes)

Finne Nebenform von Finna

Fiona (gälisch) »die Weiße« oder »die Schöne«

Fionnuala (gälisch) weiße Schulter

Firdevs (türkisch) 1. Paradies und 2. Garten

Firouzeh (persisch) der Edelstein »Türkis«

Fjodora russische Form von Theodora

Flavia (lateinisch) weibliche Form von Flavius (gelb, blond)

Fleur französische Form von Flora

Flora gilt als die Blumengöttin

Florence englische und französische Form von Florenzia

Florentine weibliche Form von Florentin

Florentine, Florentina (lateinisch)

»die Hochangesehene«, »die Blühende«, auch Göttin der Blüte und der Natur *Florence, Florentina und Florentyna*

Florenzia, Florentia weibliche Formen von Florens (»die Blühende«, »die Hochangesehene«); englisch Florence

Floriane weibliche Form von Florian (»die blühend Prächtige«) *Florina, Florine*

Florine (lateinisch) kleine Blume

Flutra (albanisch) Biene, Schmetterling

Fotini (griechisch) »die Leuchtende«

Franca (altdeutsch) »die Freie«

Frances englische Form von Franziska *Franca, Franka*

Francesca italienische Form von Franziska *Francisca*

Francine (französisch) weibliche Koseform von Frank

Francoise französische Form von Franziska

Franka weibliche Form von Frank

Franziska weibliche Form von Franziskus (zum Stamme der Franken gehörend)

Frauke (niederdeutsch) kleine Frau, Herrin

Freda niederdeutsche und schwedische Kurzform von Frederika

Frederieke (friesisch) »die Friedensreiche«

Frederika (friesisch, niederdeutsch) Friedensherrscherin, Herrscherin des Friedens, friedensreiche Herrscherin

Frederike weibliche Form von Frederik, »die Friedensreiche«, Friedensfürstin *Frederique, Frederieke, Frederika, Frederike*

Freya Name der altnordischen Liebesgöttin, von »frija« = lieb *Freyja, Freia*

Frida (altdeutsch) »die Friedliche«

Frieda Kurzform von Friederike (Friede & Herrscher) oder Elfriede (Naturgeist & Kraft) *Friedel*

Friede Kurzform von Friederike oder Elfriede

Friedegard (althochdeutsch) Variante von Friedgard

Friedegund (althochdeutsch) Friede und Kampf

Friedel (oberdeutsch) Frieden

Friederike, Friederika, Friderike, Friedericke weibliche Formen von Friedrich (Friede und Herrscher)

Friederun (althochdeutsch) »die Hüterin des Geheimnisses«

Friedgard (althochdeutsch) von ahd. »fridu« = Friede und »gard« = Hort, Schutz

Friedhilde (althochdeutsch) »Kämpferin für den Frieden« von ahd. »fridu« = Friede und »hiltja« = Kampf

Friedl Variante von Friedel

Friedlinde (althochdeutsch) von ahd. »fridu« = Friede und »linta« = Lindenholzschild

Friedoline (oberdeutsch) Friedensherrscherin *Fridolin*

Friedrike weibliche Form zu Friedrich

Frigga niederdeutsche Kurzform von Friederike, schwedisch von Fredrika

Fritzi Kurz- und Koseform von Friederike

Fulya (türkisch) Narzisse

Gabi Kurzform von Gabriele, Gabriela

Gabriele weibliche Form von Gabriel (Mann Gottes)

Gaby andere Form von Gabi

Galadriel Galadriel ist der Name einer weiblichen Figur im Roman »Der Herr der Ringe«

Galeschka Koseform von Galina

Galina russischer Vorname griechischen Ursprungs (Ruhe oder Stille)

Galotschka Koseform von Galina

Gelja russische Koseform von Angelika

Gemma (lateinisch) Edelstein

Geneviève französische Form von Genoveva

Genia Kurzform von Eugenia

Genoveva (altdeutsch) »die weithin (im Kampf) sich Bewegende«

Georgette französische Form von Georgia

Georgia weibliche Form von Georg (basiert auf dem griechischen Wort für Bauer)

Geralde, Geraldine weibliche Formen von Gerald

Gerda (nordisch) »die Schützerin« (von Zaun, Einfriedung)

Gerhild (altdeutsch) »ger« = Speer/»hiltja« = Kampf

Gerhilde (altdeutsch) andere Form von Gerhild

Gerlinde (altdeutsch) »ger« = Speer/»linta« = Lindenholzschild

Gerta andere Form von Gerda

Gerti Kurzform von Gertrud

Gertraud (althochdeutsch) Nebenform von Gertrud

Gertraude (althochdeutsch) andere Form von Gertraud

Gertrud (altdeutsch) »ger« = Speer/»trud« = Kraft *Gertrude*

Gesa friesische Kurzform von Gertrud

Gesche andere Form von Gesa *Gaesche*

Gesina, Gesine andere Formen von Gesa

Gila Kurzform von Gisela

Gilda (italienisch) weibliche Form von Gildo

Gillian englische Form von Juliane

Gina Kurzform von Regina

Giovanna italienische Form von Johanna

Gisa, Gila Kurzformen von Gisela; schwedisch Gilla

Gisela (altdeutsch) »gisil« = aus edlem Geschlecht *Giselle, Gisella*

Gitte Kurzform von Brigitte

Giuseppa italienische Form von Josepha, Josephina

Gloria (lateinisch) Ruhm

Godelinde (althochdeutsch) »got« = Gott/»lindi« = leicht, mild

Godwina (niederdeutsch) weibliche Form von Godwin

Gordana (lateinisch) »die aus Gordion Stammende«

Gotelinde (althochdeutsch) andere Form von Godelinde

Gotlinde (althochdeutsch) andere Form von Godelinde

Grace englische Form von Grazia

Gracia spanische Form von Grazia

Grazia (lateinisch/italienisch) Gnade, Anmut, englisch Grace, spanisch Gracia

Greta schwedische Kurzform von Margareta, Perle *Grete, Grethe*

Griselda (italienisch) aus dem Italienischen übernommener Vorname germanischen Ursprungs, »grae-wa« = grau/»hiltja« = Kampf

Griseldis (lateinisch) andere Form von Griselda

Grit, Gritt Kurzform von Margareta (Perle)

Gudrun (altdeutsch) nordische Variante des altdeutschen Namens Guntrun, »gund« = Kampf/»runa« = Geheimnis

Gudula andere Form von Gudrun

Gunda (altdeutsch) Kurzform von Namen, welche die Silbe »gund« enthalten, z.B. Adelgund, Kunigunde ... *Gundel*

Gundula andere Form von Gunda

Gunhild nordische Form von Gunthild

Gunilla in Schweden entstandene latinisierte Form von Gunhild

Gwen (keltisch) weißer Kreis, Kurzform von Gwendolin und Gwendolyn

Gwendolin (keltisch) weißer Kreis

Gwendolyn andere Schreibweise von Gwendolin

Hadmut (altdeutsch) »hadu« = Kampf/»muot« = Sinn, Gemüt, Geist

Halina polnische Form von Helena

Hanja, Hanka (slawisch) Kurzformen von Johanna

Hanna, Hannah (biblisch) Anmut, Liebreiz

Hanne andere Form von Hanna

Hannelore zusammengesetzt aus Hanne und Lore

Harriet englische Form von Henriette

Hedda friesische Kurzform von Hedwig

Hedi Kurzform von Hedwig

Hedwig (altdeutsch) »hadu« = Kampf/»wig« = Krieg *Hadwig*

Heide Kurzform von Adelheid, Heidrun, Heidemarie

Heidelinde (altdeutsch) »heit« = Art, Wesen, Stand/«linta« = Lindenholzschild

Heidemarie zusammengesetzt aus Heide und Marie

Heidi Kurzform von Adelheid, »edle Gestalt, vornehme Gesinnung«

Heidrun (altdeutsch) Neubildung aus ahd. »heit« = Art, Wesen, Stand und »runa« = Geheimnis, Zauber

Heike friesische Kurzform von Henrike

Heila (altdeutsch) Kurzform von Namen, die mit dem Wortbestandteil »Heil-« beginnen *Heil*

Heilburg (altdeutsch) »heil« = gesund, unversehrt + »burg« = Zufluchtsstätte, Schutz

Heile andere Form von Heila

Heilgard (altdeutsch) »heil« = gesund, unversehrt/»gardaz« = Zaun, Einfriedung

Heilke friesische Koseform von Namen, die mit dem Wortbestandteil »Heil-« beginnen Heil

Heilwig (altdeutsch) »heil« = gesund, unversehrt/»wig« = Kampf, Krieg

Heinrike andere Form von Henrike

Helen englische Form von Helena

Helena (griechisch) »die Strahlende«, strahlend leuchtend, Tochter von Zeuss und Leda

Helene andere Form von Helena

Hélène französische Form von Helene

Helewidis (altdeutsch) »heil« = gesund, unversehrt/»wit« = weit, groß

Helga (nordisch) »die Heilige«, glücklich, gesund, weibliche Form von Helge

Heli Koseform von Helene

Helika Weiterentwicklung von Heli

Hella Kurzform von Helene

Helma Kurzform von deutschen Namen, die mit dem Wortbestandteil »Helm-« beginnen

Helmina Kurzform von Wilhelmina

Helmine Kurzform von Wilhelmine

Heloise französische Form von Helewidis

Heltrud (altdeutsch) »heil« = gesund, unversehrt/»trud« = Kraft

Hemma andere Form von Helma

Henni, Henny Kurzform von Henrike oder Henriette

Henriette, Henrietta weibliche Formen des französischen Namens Henri, »Haus, Heim« und »mächtig, Herrscher«; englisch Harriet

Henrike, Henrika weibliche Formen von Henrik; Variante Heinrike

Hera (griechisch) »die Starke« oder »die Mächtige«

Herlinde (altdeutsch) »heri« = Heer/»linta« = Lindenholzschild

Herma Kurzform von Hermine

Hermine weibliche Form von Hermann, Kurzform Herma

Herta beruht auf einer falschen Lesart des Namens der germanischen Göttin Nerthus

Hertha andere Form von Herta

Hilde Kurzform von Hildegard, Brunhild, Klothilde, Kriemhild, Mathilde

Hildegard, Hildegart (althochdeutsch) schon im Mittelalter verbreiteter deutscher Vorname (Einfriedung, Umzäunung); »hilta« = Kampf, Kämpfer/»gard« = Schutz

Hilke Kurzform von Hildegard

Hiltraud (althochdeutsch) »hilta« = Kampf, Kämpfer/»trud« = Kraft

Hiltrud (althochdeutsch) andere Form von Hiltraud

Himmelblau im Jahr 2007 vom Standesamt Berlin-Mitte genehmigt mit dem Hinweis, daß es ja auch die Farbe Rosa als Namen gebe.

Hortensia (lateinisch) »Die aus dem Geschlecht der Hortensier«

Hortensie andere Form von Hortensia

Huberta weibliche Form von Hubert

Hulda (altdeutsch) guter weiblicher Geist

Hulya (persisch) Traum

Ianthe (griechisch) purpurrote Blume

Iben dänische weibliche Form von Ivo

Ibolya (ungarisch) Veilchen

Ida (altdeutsch) »weise Frau«, niederländische Koseform Iken

Idila (kroatisch) Idylle

Ika, Ike (kroatisch) Abkürzung von Ivka

Iken niederländische Kurz- und Koseform von Ida

Ilana (hebräisch) Baum

Ilaria (lateinisch, italienisch) »die Heitere, die Fröhliche«

Ilayda (arabisch) Wasserfee, »Regentröpfchen im Paradies«, im Türkischen auch Meerjungfrau

Ilda Abkürzung von Hilda

Ildiko (ungarisch) Frau des Hunnenkönigs Attila (»die Kämpferin«)

Ileana rumänische Form von Helena

Ilga (altdeutsch) die heilige »Liga« wurde im Mittelalter im Bodenseegebiet verehrt (um 1000 n. Chr.). Nebenform zu Helga oder Hilga

Ilham (marokkanisch) Inspiration

Iliana (russisch) schönes herziges Mädchen

Iljana südslawische Schreibweise von Eliane

Ilka, Ilke (ungarisch) Koseform von Ilona

Ilkay (türkisch) »erster Mond«

Ilkcan (türkisch) »erste Liebe«

Ilkin (türkisch) »die Erste«

Ilknur (türkisch) »erste Schönheit, erste Fröhlichkeit«, arabisch »schwarze Nacht«

Illona ungarische Form des griechischen Vornamens Helena (»die Sonnenhafte«)

Ilona (ungarisch) andere Schreibweise von Illona *Ilka*

Ilonka ungarische Kurzform von Illona

Ilse, Ilsa Kurzformen von Elisabeth (Vollkommenheit)

Ilta (finnisch) Abend

Ilvy (nordisch) »kleine Wölfin«

Ima (indianisch) »schöne Blume«

Iman (ägyptisch) Glaube, Überzeugung

Imke friesische Kurzform von Namen, die mit dem Wortbestandteil »Irm-« beginnen (allumfassend, groß)

Immacolata (italienisch) »unbefleckte Jungfrau«

Imogen (keltisch) Mädchen, junge Frau

Ina Kurzform von Namen, die mit dem Wortbestandteil »ina« oder »ine« enden, z.B. Christine, Christina, Carolina, Marina, Regine ...

India abgeleitet vom gleichnamigen Land

Indira einer indischen Göttin gewidmet (»negative Wolken werden zur Seite geschoben«)

Indra männliche nordindische Gottheit (zweiter Vorname eindeutigen Geschlechts erforderlich)

Indre (baltisch, russisch) das Schwert schwingen

Ines eingedeutschte Form von Inés (»die Reine«, »die Heilige«, »die Gläubige«)

Inessa (russisch) Wasserfall

Inez spanische Form von Agnes (»die Reine«)

Inga (nordisch) »die Hüterin«, »die Beschützte«, Regengott der Germanen, Fruchtbarkeitsgöttin der Finnen, Gott der Isländer; Kurzform von Namen, die mit »Ing« beginnen *Inka, Inken, Insa*

Inge in Deutschland und Dänemark verbreitete Kurzform von Namen, die mit »Ing-« beginnen

Ingeborg (skandinavisch) abgeleitet aus dem Namen der germanischen Göttin Yngvi und dem Wort für »Schutz, Zufluchtstätte« ; deutsche Variante Ingeburg *Ingborg*

Ingeke Verkleinerungsform von Inge

Ingrid (althochdeutsch) abgeleitet aus dem Vornamen einer nordischen Göttin (Yngvi) und »schön« - frei übersetzt heißt es also »die schöne Yngvi«. *Ingrit, Ingrida, Ingried*

Ingried (nordisch) »die Schöne«

Ingvelde (nordisch) »Der Engel aus dem Wald« *Ingvild*

Inka friesische Kurzform von Namen, die mit dem Wortbestandteil »Ing-« beginnen

Inke (friesisch) »die Tintige«

Inken friesische Kurzform von Namen, die mit dem Wortbestandteil »Ing-« beginnen

Inna (russisch) »die Unschuldige«

Innocenta (lateinisch) »die Unschuldige«

Inola (indianisch) »schwarzer Fuchs«

Insa (friesisch) Kurzform von Namen, die mit dem Wortbestandteil »Ing-« beginnen

Io (altgriechisch) Geliebte des Zeus

Ioana (griechisch) »Purpurner Schmuck«

Ioanna griechische Form von Johanna

Iokaste in der griechischen Mythologie die Mutter des Ödipus

Iolana (hawaiianisch) »Schweben wie ein Falke«

Iolani (altdeutsch) himmlisch, edel, königlich

Iolanthe (altgriechisch) Veilchen

Ipek (türkisch) Seide

Iphigenie griechische Sagengestalt, siehe auch Ifigenie

Ira (lateinisch) Wut, Zorn, Kurzform von Irene, Irina.

Irana (arabisch) »die Licht bringende«

Iraya (indianisch) »der, der hilft und Sachen schickt«

Ireen englische Form von Irene

Irem (türkisch) »Garten Eden«, Paradies

Irema (türkisch) liebes Wesen

Irene weibliche Form des griechischen männlichen Namens Irenäus (Frieden) Kurzform Ira; auch Name der griechischen Friedensgöttin *Iren, Irena*

Irina slawische/russische Form von Irene, außerdem ist der Name abgeleitet von der griechischen Friedensgöttin

Irini neugriechische Form von Irene

Iris (griechisch) Regenbogen

Irma (altdeutsch) die Welt, Kurzform von Namen, die mit dem Wortbestandteil »Irm-« beginnen. *Irmi*

Irmela Koseform von Irma

Irmelin Weiterbildung von Irmela

Irmhild (altdeutsch) »irmi« = groß, mächtig/»hilta« = Kampf

Irmin angeblicher Stammesgott der Hermionen(german. Urstamm, aus dem die Chatten, Sweben und Cherusker hervorgegangen sind). Auch althochdeutsch »irmin« = allumfassend, mächtig

Irmina Weiterbildung von Irma

Isa »Gott ist Fülle« bzw. »die Unberührte« (hebr.); Kurzform von Isabel, oder »die mit Eisen Waltende« (kelt.-althochdt.); Kurzform von Isolde

Isabel spanische Form von Elisabeth

Isabella italienische Form von Elisabeth

Isabelle französische Form von Elisabeth

Isadora »Geschenk der Göttin Isis«

Isalie Kosename, von Isis abgeleitet: »die Liebreizende und Zärtliche«

Isaura weibliche Form von lat. Isaurus, »der Isaurier« nach der antiken Landschaft in der heutigen Türkei.

Isfried (altdeutsch) »isan« = Eisen/»fridu« = Friede

Isgard (altdeutsch) »isan« = Eisen/»gardaz« = Zaun, Einfriedung

Ishani im Indischen »Frau«, im Indianischen »von den Göttern geschenkt«

Ishild (altdeutsch) »isan« = Eisen/»hiltja« = Kampf

Isidora (griechisch) Geschenk der Göttin Isis

Isik (türkisch) »das Licht«

Isis (ägyptisch) Mondgöttin

Iska niederdeutsche Koseform von Ishild, Isfried und Isgard

Ismaela (hebräisch) »Gott wird hören«

Ismene (griechisch) Tochter des Ödipus

Iso (finnisch) groß

Isolde (althochdeutsch) eisern herrschen

Isolde (keltisch) »die Gerechte«

Issraa (arabisch) Himmelsfahrt

Isving (altschwedisch) Eisflügel

Itoe (japanisch) »Die mit Liebe gesegnet ist«

Itzel stammt von den Mayas (»die Fruchtbare«)

Iva (althochdeutsch) Bogenschützin

Ivana slawische Ableitung vom hebräischen Johanna (»Gott ist gnädig«)

Ivanka slowakische Schreibweise von Johanna

Ivette andere Form von Yvette, Koseform von Yvonne

Ivka (slawisch) Abkürzung von Ivanka

Ivon slawische Abkürzung von Ivona

Ivona slawische Schreibweise von Yvonne

Ivonne andere Form von Yvone, »Bogen aus Ebenholz«, »wie Eibenholz« oder »die Bogenschützin«

Ivora slawische Schreibweise von Ivory

Ivory (englisch) Elfenbein

Ivy französische Kurzform von Yvonne

Iwona polnische Version von Yvonne

Izabel kroatische Schreibweise von Isabelle *Izabela*

Izlem (türkisch) »die Spuren Hinterlassende«

Izmir nach der Türkischen Stadt benannt

Jaana (finnisch) »die Gottbegnadete«

Jacinda (altgriechisch) Hyazinthe

Jacklyn englische Schreibweise von Jacqueline

Jacqueline weibliche Form von Jaques bzw. Jakob (Fersenhalter, Überlister) *Jaquelin, Jaqueline, Jacquelyn*

Jacquelyn englische Variante von Jacqueline

Jadranka die Adria, südslawische Schreibweise von Adriana

Jadwiga polnische Form von Hedwig

Jadzia Koseform von Jadwiga

Jael aus der Bibel übernommener Vorname hebräischen Ursprungs (Steinbock oder Bergziege), auch als männlicher Vorname gebräuchlich

Jagoda (kroatisch, serbisch) Erdbeere

Jala (afrikanisch) »die Einzigartige«

Jalda (hebräisch) Mädchen

Jale (türkisch) »Morgentau auf der Rose«; im Friesischen »die Ausgelassene«

Jamaal (arabisch) Schönheit

Jamar (mongolisch) »auf dem Weg«

Jameela (arabisch) »die Schöne«

Jamie weibliche schottische Koseform von James

Jamila (arabisch) Schönheit, abgeleitet von Jamal

Jamileh »die Schöne«

Jana slawische Form von Johanna. Auch als Kurzform der Mädchennamen Juliana, Christiana und Adriana

Jane englische Form von Johanna

Janet (englisch) Verkleinerungsform von Jane

Janica serbische und kroatische Koseform von Jana

Janice englische Koseform von Jane

Janika, Janike weibliche Formen von Janik

Janina weibliche Form von Jan (»hat Gnade erwiesen«), slawische Weiterbildung von Jana

Janine andere Form von Janina

Janita englische Vereinfachung von Juanita

Janja Koseform mehrerer russischer Vornamen wie z.B. Tanja

Janka slawische Weiterbildung von Jana

Janna niededeutsch-friesische Kurzform von Johanna

Janne friesische Kurzform von Johanna

Janneke niederdeutsch-friesische Kurzform von Johanna

Jannett eingedeutschte Schreibweise des französischen Namens Jeannette *Jannette*

Jannie Koseform von Janna

Jannika weibliche Form von Jannik, Koseform von Janna

Janny Koseform von Janna

Jantje (friesisch) weibliche Form von Jan

Jaquelin moderne Schreibweise von Jacqueline

Jara tschechische Kurzform von Namen, die mit »Jar-« beginnen

Jarla weibliche Form von Jarl (»Vornehmer, freier Mann«)

Jarmila (tschechisch) Neubildung aus »jarý« = heftig, frisch, stark und »milý« = lieb

Jaroslava (slawisch) Kombination aus kühn, stark, zornig, streng und Ruhm, Ehre

Jasmin (persisch) Name einer Pflanze. Als Vorname wurde Jasmin in England eingeführt. In Frankreich sowie Bosnien und Herzegowina ist Jasmin ein männlicher Vorname.

Jasmina, Jasmine Weiterbildungen von Jasmin

Jasminka Weiterbildung von Jasmin

Jaya (indisch) Beiname der Gattin des Gottes Schiwa

Jean englische Form von Johanna

Jeanett deutsche Schreibweise von Jeannette

Jeanette deutsche Variante von Jeannette

Jeanine Koseform von Jeanne

Jeanne (französisch) Variante von Johanna (Gott ist gnädig); Koseformen Jeannette, Jeannine

Jeanne französische Form von Johanna

Jeannette Koseform von Jeanne

Jeannie englische Koseform von Jean

Jeannine Koseform von Jeanne

Jeanny andere Schreibweise von Jeannie

Jekaterina russische Form von Katharina

Jela (slawisch) Tanne, Tannenbaum

Jelda (friesisch) vergelten, opfern

Jelena russische Form von Helena (»die Leuchtende«)

Jelisaveta russische Form von Elisabeth

Jelka kroatische und slowenische Koseform von Helena

Jella Kurzform von Gabriela

Jelle Kurzform von Gabriele, oder friesische Kurzform mit ungeklärter Bedeutung (evtl. vom althochdeutschen Wort für Geld abgeleitet)

Jelsche friesische Koseform von Jelle

Jemima aus der Bibel übernommener Name hebräischen Ursprungs (Turteltaube), älteste Tochter Hiobs im Alten Testament

Jenin Kurzform von Janine

Jenja russische Kurzform unterschiedlicher Namen

Jenna aus dem Englischen übernommener Name, latinisierte Form von Jenny

Jenni , Jennie Varianten von Jenny

Jennifer (keltisch) Jennifer leitet sich aus den walisischen Worten für blond und weich ab *Jenifer, Jenniffer, Jenniver, Jennyfer*

Jenny englische Kurzform von Johanna

Jessica (hebräisch) »Gott sieht an«

Jessy englische Variante zu Jessie

Jette Kurzform des französischen Namens Henriette (»Haus, Heim« und »mächtig, Herrscher«)

Jewel (englisch) Juwel, Edelstein

Jill (englisch) Kurzform von Jillian

Jillian englische Nebenform von Gillian

Jimena weibliche Form von Jimeno (Herkunft baskisch) *Ximena*

Jin (chinesisch) Gold

Jirina (tschechisch) weibliche Form von Georg

Jiska (biblisch) ursprüngliche Form von Jessica (»Gott schaut«)

Jitka tschechische Form von Judith

Jo Kurzform für Namen, die mit »Jo-« beginnen

Joan englische Form von Johanna

Joana Nebenform von Johanna, auch englisch

Joanne altfranzösische Form von Johanna, oder aber englische Doppelform aus Jo und Anne

Jodie, Jody (englisch) Koseform von Judith

Joela kroatische Form vom hebräischen Joella

Joelina Erweiterung von Joela, Joelle

Joelle weibliche Form von Joel (Jahwe ist Gott) *Joela*

Joena Herkunft und Bedeutung nicht bekannt. Seltener Mädchenname, der im Standesamt Wesel eingetragen wurde.

Johanna (biblisch) basiert auf dem männlichen Vornamen Johannes (»Gott ist gnädig«) *Johanne*

Jolan ungarische Kurzform von Jolanda

Jolanda andere Form von Jolanthe

Jolanthe (griechisch) Veilchenblüte *Jolanta, Jolante*

Jolien Weiterbildung von Jo

Jolina (hebräisch) »Der Herr ist gnädig« *Joline, Jolene, Joleen*

Jona weibliche Form von Jonas

Jonna dänische und norwegische Form von Johanna

Jördis (altisländisch) »hjorr« = Schwert/»dis« = Göttin

Jorina friesische weibliche Form zu Gregor oder Georg

Jorinde (niederdeutsch) weibliche Form zu Georg

Joscheba (biblisch) »Jahwe ist Fülle, ist Glück«

Joschka ungarische Kurzform von Joseph

Josefa weibliche Form von Josef

Josefina (hebräisch) Weiterbildung von Josefa *Josephin, Josefin*

Josefine weibliche Form von Josef

Joselle französische Kurzform von Josefine

Josepha Variante von Josefa

Josephine englische und französische Form von Josefine

Josette (französisch) weibliche Form von Joseph

Josiane weibliche Form von Josias (Gott heilt)

Josina friesische und niederländische Kurzform von Josefina

Josipa slowenische, serbische und kroatische weibliche Form zu Josip (Josef)

Jovana weibliche Form zu Jovan (serbisch für Johannes)

Jovanka slowenische Form von Johanna

Jovita (hebräisch/lateinisch) »Gott schenkt Leben«

Jowita (slawisch) Koseform für Johanna

Joy (englisch) Freude

Joyce (keltisch) Herr, aus dem englischen übernommene weibliche Kurzform von Jodokus.

Jozefa weibliche polnische Form von Josef

Jozefina Weiterbildung von Jozefa

Juana spanische Form von Johanna (»Gott ist gnädig«)

Juanita (spanisch) Weiterbildung von Juana

Judith (hebräisch) »die Frau aus Jehud«

Judith, Judit (biblisch) »die Gepriesene«, deutsche Kurzform Jutta; englische Kurzform Judy
Erweiterungsvarianten Judita, Juditta, Juditha; tschechisch Jitka

Judy englische Koseform von Judith

Jula russische Kurzform von Julia/Kosename; aramäisch »von Gott geliebt«

Jule (lateinisch) von Julius abgeleitet. Römischer Familienname der Julier, vermutlich abgeleitet von Iovilius = dem Gott Jupiter geweiht *Julchen*

Juli Koseform von Julia

Julia (lateinisch) »aus dem Geschlecht der Julier«, dem Gott Jupiter geweiht

Juliana (lateinisch) andere Form von Juliane

Juliane (lateinisch) weibliche Formen des altrömischen Namens Julian. »dem Jupiter geweiht« *Julianne, Julianna*

Julica, Julika slawische Verniedlichung von Julia/Julija

Juliet englische Anpassung von Giulietta, einer italienischen Koseform von Julia

Julieta, Julietta italienische Verkleinerungsformen von Julia

Julijana südslawische Schreibweise von Julianne

Julika slawische Form von Julia

Julina deutsche Weiterbildung von Julia

Julischka deutsche Schreibweise von Juliska

Julitta (lateinisch) erweitere Form von Julia

Juniper (englisch) Wacholderbusch

Juno Juno (griech. Hera) ist in der römischen Mythologie die Frau des Jupiter (griech. Zeus), des Göttervaters und Gottes für Blitz und Donner

Justice das englische Wort für Gerechtigkeit ist auch als Vorname gebräuchlich.

Justina weibliche Formen des lateinischen Namens Justinus, Abwandlung des Vornamens Justus (gerecht, der Gerechte) *Justa, Justyna*

Justine andere Form von Justina

Jutta Kurzform von Judith (»die Gepriesene«)

Jytte dänische Nebenform von Jutta

Kader (arabisch) Schicksal

Kai nordische Kurzform von Katharina

Kaija (friesisch, nordisch) weibliche Formen von Kai

Kaja andere Form von Kaija

Kamilla Variante von Camilla, frei geboren

Kara deutsche Schreibweise von Cara; »die Liebe«,»die Teure«, »die uns Liebe gibt«, arabisch: das Gesicht, das Wertvolle, türkisch: schwarz, dunkel, finster

Karen (dänisch) dänische Kurzform von Katharina; Variante Kareen, »die Reine«

Karim (arabisch) großzügig

Karin schwedische Form von Katharina (rein, »die Reine«)

Karla (altdeutsch) weibliche Form von Karl, »die Freie«, »die Tüchtige«

Karola latinisierte Form von Karla *Karolina, Karline*

Karolina Weiterbildung von Karola

Karoline andere Form von Karolina *Caroline*

Kassandra (griechisch) Bedeutung nicht genau geklärt. Eventuell von »kad« = hervorragend/»aner« = Mann

Käte Kurzform von Katharina

Katharina (griechisch) »die Reine« (rein und aufrichtig)

Käthe andere Form von Käte

Kathinka russische Form von Katharina (rein und aufrichtig)

Kathrein oberdeutsche Form von Katharina

Katja russische Kurzform von Katharina

Katrin, Kathrin Kurzform von Katharina (= rein)

Kea latinisierte Kurzform von Frauke

Kendra weibliche Form von Kendrick (Bedeutung unbekannt)

Kerrin friesische Kurzform von Katharina

Kerstin niederdeutsche und schwedische Form von Christine

Kiana (irisch) »die Altertümliche«

Kiara eingedeutschte Form von Chiara

Kim Kurzform von Kimball oder auch von Kimberley. Die männliche Form ist abgeleitet von Joachim (Joakim).

Kinga ungarische Form des altdeutschen Namens Kunigunde (Geschlecht/Kampf)

Kira andere Form von Kyra

Kirsten Kurzform von Christine; selten auch als männlicher Vorname gebräuchlich

Kirstin schwedische Form von Christine

Kitty (englisch) Kurzform von Katharina

Klara vom lateinischen Wort »clarus« abgeleitet, glänzend, hervorragend, berühmt, »die Leuchtende«

Kläre, Klaere Varianten von Klara

Klarissa Weiterbildung von Klara

Klaudia andere Schreibweise von Claudia

Kleopatra andere Form von Cleopatra

Klothilde (altfränkisch) »hlut« = laut, berühmt/«hilta« = Kampf, Kämpfer

Konstanze weibliche Form von Konstantin (standhaft)

Kora (griechisch) Mädchen, Jungfrau

Kordelia andere Form von Cordelia

Kordula (lateinisch) andere Form von Cordula, »spät geboren«

Korinna abgeleitet vom griechischen Namen Kora *Corinna, Corinne*

Kornelia andere Form von Cornelia (weibliche Form des altrömischen Geschlechternamens Cornelius)

Kosima Variante von Cosima

Krista andere Form von Christa, der weiblichen Form von Christian (»Anhänger Christi«. Der griechische Ursprung des Namens bedeutet »der Gesalbte«)

Kristiane schwedische Form von Christiane

Kristin schwedische und dänische Form von Christine

Kristina schwedische Form von Christina

Kristine schwedische Form von Christine

Kunigunde (altdeutsch) »kunni« = Geschlecht/»gund« = Kampf

Kyra (griechisch) geht auf den persischen Königsnamen »Kyros« zurück *Kira*

Ladina, Ladinka (slawisch) Koseformen von Ladislava

Laetitia (lateinisch) Freude, Jubel, Fröhlichkeit *Lätizia, Letizia, Leticia, Letitia*

Laila andere Form von Leila, auch: andere Form von Aila

Lara russische Kurzform von Laura oder Larissa

Larissa aus dem Russischen kommender Name griechischer Herkunft (»die aus Larissa Kommende«), oder auch: lieblich, Möwe *Larisa*

Lätitia eingedeutschte Form von Laetitia

Lätitzia andere Form von Lätitia

Laura italienische Form von Laurentia (Lorbeer, Loorbeerkranz)

Laurentia weibliche Form von Laurentius (Lorbeer) *Laure, Lara, Lauren*

Lavina, Lavinia (lateinisch) »die Königstochter«: in der römischen Mythologie war Lavinia die zweite Frau des Aeneas, die Tochter von König Latinus und die Mutter des Silvius

Layla (afrikanisch, arabisch) »die Dunkelhaarige«, »die Königin der Nacht«, »vollkommenes Leben«, »die Schöne«, »die Zauberhafte«

Lea (hebräisch) aus der Bibel übernommener Vorname hebräischen Ursprungs (Wildkuh), in der Bibel die Tochter Labans und die ältere Schwester Rachels

Leandra weibliche Form von Leander (»Mann aus dem Volk«)

Leia eingedeutschte Form von Leya

Leila (arabisch) Dunkelheit oder Nacht

Lena Kurzform von Helena und Magdalena

Lene Kurzform von Helene, Magdalene und Marlene *Leni*

Lenja russische Kurzform von Helena

Leocadia, Leokadia (griechisch) vom antiken griechischen Namen Leucadia abgeleitet. Dieser wiederum stammt vom Namen des Gebirges Leikatas auf der Insel Leukas ab (Bedeutung somit »aus Leukas stammende« bzw. »leuchtend, weiß« nach dem griechischen Wort »leukos«

Leoni, Leonie (lateinisch) weibliche Form von Leon, »die Löwin« *Leona*

Leora, Liora (hebräisch) »mein Licht«

Leslie stammt aus dem englisch/schottischen Sprachraum und war ursprünglich ein Nachname. Auch als männlicher Vorname gebräuchlich.

Leto in der griechischen Mythologie die Tochter des Titanen Koios.

Lexa, Lexia Kurzformen von Alexandra

Leya (spanisch) gesetzestreu, deutsche Schreibvariante Leia

Lia Kurzform von Julia

Liane Kurzform von Juliane

Liesbeth Kurzform von Elisabeth

Liese Kurzform von Anneliese, Elisabeth, Lieselotte *Lise*

Liesel Kurzform von Elisabeth

Lieselotte Doppelform aus Liese und Lotte *Liselotte, Liselott, Lieselott*

Lili Kurz- und Koseform von Elisabeth und Liliane *Lily*

Lilia Erweiterung von Lili

Lilith (hebräisch) »die Nächtliche«

Lilli Kurzformen des biblischen Namens Elisabeth *Lilly*

Lilo Kurzform von Lieselotte

Lina Kurzform von Namen, die mit dem Wortbestandteil »-lina« enden, z.B. Angelina, Karolina, Catalina, Melina, Paulina ...

Linda andere Form von Linde

Linde Kurzform von Namen, die »Lind«, »Linde« oder »Linda« enthalten

Lindis andere Form von Linde

Linn andere Form von Lynn

Linnea (schwedisch) bezeichnet eine

Blume, die nach Ihrem Entdecker Carl von Linné benannt ist.

Lioba (westgotisch) »die Liebende«

Lisa Kurzform von Elisabeth

Lisanne zusammengesetzt aus Lisa und Anne

Lisbeth Kurzform von Elisabeth

Lise Kurzform von Elisabeth und Lieselotte

Lisel, Lissie, Lissy, Liz Kurzformen von Elisabeth *Lissi*

Liselotte andere Schreibweise von Lieselotte

Lisette (französisch) Variante von Elisabeth

Liv (norwegisch) Leben

Livia weibliche Form des altrömischen Geschlechternamens Livius

Lo Kurzform von Charlotte

Lola, Lolita (spanisch) Koseformen von Dolores, Carlotta und Karola

Lone Kurzform von Apollonia und Leoni *Loni*

Lora Kurzform von Eleonora

Lore Kurzform von Eleonore und Hannelore

Loredana Anlehnung an Loredan, den Familiennamen eines alten venezianischen Patriziergeschlechts

Lorena latinisierte Form von Lora

Lotte Kurzform von Charlotte und Lieselotte oder auch Karlotta *Lotti, Lotty*

Louisa englische Form von Louise

Louise weibliche Form von Louis, auch englisch

Lu Kurzform von Luise

Lucia weibliche Form von Lucius, »die Glänzende«

Lucie französische Kurzform von Lucia *Lucie, Lucy*

Lucilla Koseform von Lucia, auch italienisch

Ludmilla (slawisch) »die das Volk liebt«

Luisa (althochdeutsch) abgeleitet über Ludwig aus den Wörtern für »laut, berühmt« und »Kampf« *Louisa, Louise*

Luise Deutsche Form des französischen Namens Louise

Luitgard (althochdeutsch) »luit« = Volk/«gard« = Schutz

Luna Name der römischen Mondgöttin

Lydia (griechisch/lateinisch) »die aus Lydien Stammende«, polnisch, spanisch und italienisch Lidia

Lynn (englisch) kleiner Wasserfall *Linn*

Lysann weibliche Form von Lysander (Befreier) *Lysanne*

Madeleine französische Form von Magdalena

Madita einige Quellen beschreiben den Namen Madita als eine Erfindung der Kinderbuchautorin Astrid Lindgren. Tatsächlich heißt die Romanfigur aber nur in der deutschen Übersetzung so, der schwedischen Originaltitel ist Madicken. Dieser Name ist eine schwedische Form von Margarete.

Madlen Kurzform von Magdalena, auch englisch

Mafalda italienische Form von Mathilde

Magali andere Form von Magalie

Magalie aus dem Französischen übernommene Form von Margarete

Magda Kurzform von Magdalena

Magdalena (biblisch) Beiname der Maria Magdalena (= aus dem Dorf Magdalena) *Madlen, Malin, Madeleine*

Magdalene andere Form von Magdalena

Mahasin (arabisch) schön oder gut sein

Maika Nebenform von Meike

Maike friesische und niederdeutsche Form von Maria

Maiken Variante von Maike

Maira (skandinavisch) Variante von Maria

Maj schwedische Kurzform von Maria

Maja Kurzform von Maria, andererseits entstammt der Name der griechischen und römischen Mythologie (Göttin des Wachstums)

Malin (nordisch) Kurzform von Magdalena

Malka Name lettischer Herkunft, Kurzform von Malvine (Freundin des Rechts)

Malva Kurzform von Malvine

Malve nach dem gleichlautenden Pflanzennamen benannt

Malvine geht zurück auf den Namen einer Gestalt aus »The Works of Ossian« (1765) von James MacPherson, einer angeblichen Übersetzung wiederentdeckter altgälischer Heldenlieder *Malvina*

Malwine andere Form von Malvine *Malwina*

Manda Kurzform von Amanda (liebenswert)

Mandy englische Kurzform von Amanda

Manja russische Koseform von Maria

Manon französische Koseform von Maria

Manuela Kurzform von Emanuela »Gott ist mit uns«

Mara (hebräisch) bitter oder betrübt

Marcelina polnische Form von Marcellina

Marcella (italienisch) weibliche Form von Marcellus, Marcello

Marcellina (italienisch) Weiterbildung von Marcella

Mareen Weiterbildung von Maren

Marei oberdeutsche Koseformen von Maria

Mareike eingedeutschte Schreibweise des niederländischen Namens Marijke, die Verkleinerungsform von Marie. Also die kleine Marie bzw. Mariechen

Marejke niederländische Form von Mareike

Maren dänische Form von Marina

Maria aus der Bibel übernommen, griechische und lateinische Form von Mirjam; je nach Auslegung »Gottesgeschenk« oder »fruchtbar sein«

Mariah englische Variante von Maria

Mariam Variante von Mirjam (Maria), auch arabisch

Marian englische Ableitung der Doppelform aus Mary und Ann, ursprünglich mittelalterliche Schreibweise von Marion (Koseform von Maria)

Mariane Variante von Marianne

Marianka polnische Koseform von Marianne

Marianna zusammengesetzt aus Maria und Anna

Marianne deutsche Bildung aus Marie und Anne; englisch Mariann; französisch Marion

Marie französische Form von Maria (»die Schöne«, »die Widerspenstige«)

Marieke niederdeutsche Form von Maria; Kurzform Mieke

Mariele Koseform von Maria

Marielies zusammengesetzt aus Maria und Liese

Mariella italienische Koseform von Maria

Marieluise zusammengesetzt aus Maria und Luise

Marierose zusammengesetzt aus Maria und Rose

Marietta italienische Koseform von Maria

Mariette französische Verkleinerungsform von Maria

Marija andere Form von Marja

Marika (ungarisch) Koseform von Maria

Marilyn (englisch) Koseform von Maria

Marina weibliche Form von Marinus (am Meer wohnend); dänisch Maren, Mareen

Marion französische Form von Maria

Marisa zusammengesetzt aus Maria und Luisa

Marit (schwedisch) Variante von Margarete

Marita norwegische Variante von Marit, ebenso spanische Koseform von Maria

Marja russische Form von Maria
Marikja

Martje friesische Koseform von Martha

Maruja spanische Form von Maruxa, einer galizischen Koseform von Maria

Maruschka deutsche Schreibweise von Marusja

Marusja russische Koseform von Maria

Mary englische Form von Maria; amerikanisch Maureen

Mascha russische Koseform von Maria

Mathilda (althochdeutsch) »maht« = Macht/»hilta« = Kampf, Kämpfer

Mathilde (althochdeutsch) andere Form von Mathilda

Maura (italienisch) Variante von Maria

Maureen amerikanische Kurzform von Mary

Maxi vor allem süddeutsche Koseform von Maximiliane

Maximiliane weibliche Form von Maximilian

Maya der Name geht auf eine inidsche Göttin zurück (Wunderkraft, Schein, Trugbild). Darüberhinaus gibt es noch einen türkischen Bezug für Maya (Ursache, Wesen).

Megan (walisisch) Variante von Margarete

Meike (friesisch, niederdeutsch) Kurzform von Namen mit »Mein«, zum Beispiel »Meingard«

Melanie (griechisch) »die Schwarze«

Melina Kurzform von Ameline, einer Koseform von germanischen Namen, die mit dem Stamm »Amal-« gebildet wurden, auch Koseform von Amalie. Dieser Vornamen geht auf das Geschlecht der Amelungen zurück

Melinda (griechisch) »die Süße«, Honigtrank

Melissa andere Form von Melitta

Melitta (griechisch) »die Biene«

Melusine Name einer französischen Sagengestalt

Mercedes (spanisch) »Maria von der Gnade der Gefangenenerlösung«

Meret Schweizer Kurzform von Emerita

Merle (englisch) die Amsel

Meta Kurzform von Margareta und Melitta

Mette niederdeutsche Kurz- und Koseform von Mechthild

Mia Kurzform von Maria

Michaela (biblisch) »Wer ist wie Gott?«

Michèle französische Form von Michaela

Michelle französische Variante von Michaela

Mieke Kurzform von Marieke

Mignon (französisch) zart oder niedlich

Mikaela nordische Form von Michaela

Mila, Milla (slawisch) Kurzformen von Ludmilla

Mildred englische Form von Miltraud

Mile Kurzform von Emilie

Milena slawische Weiterbildung von Mila

Miltraud (altdeutsch) »milti« = Milde/»rat« = Ratgeber

Milva (lateinisch) Taubenfalke

Mina Kurzform von Namen, die auf »-mina« oder »-mine« enden, z.B. Wilhelmina *Minna*

Minea Kurzform des griechischen Namens Minerva (»die Kluge«)

Minerva (griechisch) »die Kluge«

Minou niederländische Koseform von Mina

Mira Kurzform von Mirabella

Mirabell (italienisch) »die Wunderbare« oder »die Schöne«

Mirabella andere Form von Mirabell

Miranda (lateinisch) »die Bewundernswerte«

Mireia katalanische Form von Mireille

Mireille französische Koseform von Miriam

Mirella italienische Verkleinerungsform von Mirabella

Miriam Miriam ist eine Variante des biblischen Vornamens Mirjam, was wiederum die hebräische Form von Maria ist

Mirjam biblischer Name aramäischen Ursprungs. Wahrscheinlich aramäische Form von Maria

Mirjana (slawisch) Variante von Miriam

Mirka weibliche Form von Mirko

Mo (englisch) Kurzform von Maureen

Moa von schwedisch »mor« = Mutter

Moana (hawaiianisch) Ozean

Modesta weibliche Form von Modest (bescheiden, sanftmütig, besonnen, sittsam)

Modeste andere Form von Modesta

Mona (irisch) »die Edle«

Moni Kurzform von Monika

Monica italienische Form von Monika

Moniek (niederländisch) Variante von Monika

Monifa aus Nigeria stammend, in der Yoruba-Sprache »ich habe mein Glück«

Monika Bedeutung und Herkunft dieses weitverbreiteten Namens ist nicht geklärt, entweder vom griechischen Monachos (Einsiedler, Mönch), etwa als »die Einzigartige« interpretiert, oder vom lateinischen monere (»ermahnen«, »erinnern«). Möglicherweise ist der Name auch punischen Ursprungs und bedeutet »die Göttin«. Namensvorbild ist die heilige Monika (4. Jahrhundert), die Mutter des heiligen Augustinus.

Monique französische Form von Monika

Monja russische Koseform von Marija

Montserrat nach der Jungfrau (Maria) von Montserrat, der Patronin von Katalonien, die im gleichnamigen Kloster (lateinisch »mons serratus« = gezackter Berg) westlich von Barcelona verehrt wird.

Mora Kurzform des italienischen Namens Morena (braun)

Morena italienischer Vorname spanischen Ursprungs. (»die Gebräunte«, »die Dunkelhäutige«, dunkel, schwarz, braun)

Muriel (keltisch) »Die vom glänzenden See«

Nadine französische Ableitung von Nadja, was wiederum eine Kurzform des russischen Namens Nadjeschda ist *Nadin, Nadina*

Nadja russische Kurzform von Nadjeschda, Nadja ist auch ein arabischer Mädchenname und bedeutet dann »Großzügigkeit«

Nadjeschda (russisch) Hoffnung

Naja (grönländisch) kleine Schwester

Nancy englische Koseform von Anne

Nane Kurzform von Christiane (Anhänger Christi, »der Gesalbte«)

Nanna (nordisch) »die Kühne«

Nannette, Nanette, Nanett (französisch) Koseformen von Anne

Naomi (hebräisch) »die Holde« oder »die Liebliche«

Nastasja russische Form von Anastasia

Natalia andere Form von Natalie

Natalie (lateinisch) »die an Christi Geburtstag Geborene« *Natalina*

Natalja, Natalya russische Varianten von Natalie

Natascha russische Koseform von Natalie

Neeltje (friesisch) Variante von Cornelia

Nele, Neele niederdeutsch-friesische Kurzformen von Cornelia, ebenso von Eleonore und Helene *Nela, Neela*

Nelia Kurzfom von Cornelia

Nell, Nelli andere Varianten von Nelly

Nelly Kurzform von Cornelia (altrömischer Geschlechtername), aber auch von Eleonore, Helene und Petronella *Nella, Nela*

Netti Kurz- und Koseform von Annette

Nevaeh (amerikanisch) »Heaven«, das englische Wort für Himmel rückwärts geschrieben

Nicola italiensiche Form von Nikola

Nicole weibliche Form des männlichen Vornamens Nikolaus, abgeleitet aus den griechischen Wörtern für »Sieg« und »Volk« *Nicolle, Nikola, Nicola*

Nicoletta italienische weibliche Form von Nikolaus

Nicolin eingedeutschte Form von Nicoline

Nicoline französische Koseform von Nicole

Nike (griechisch) Sieg

Nikola weibliche Form von Nikolaus

Nikole eingedeutschte Form von Nicole

Nina Kurzform von Namen, die mit dem Wortbestandteil »ina« enden, z.B. Antonina, Katharina usw. Eventuell auch vom griechischen Ninos, dem Gründer der Stadt Ninive abgeleitet

Ninette französische Form von Nina

Ninja (spanisch) »die Kleine«

Ninon (französisch) Koseform von Nina

Nisa in historischen Quellen als einheimischer Name aufder Insel El Hierro (Kanaren) überliefert

Nitsa neugriechische Kurzform von Elenitsa einer Koseform von Eléni

Nitza (neuhebräisch) Knospe *Nitzah, Nitzana*

Niva (neuhebräisch) Redewendung, Redensart, Dialekt

Njanuszka vermutlich eine ungarische Koseform von Jana

Noelle (französisch) Variante von Natalie

Noemi (hebräisch) Freude, auch Variante von Naomi

Nona Namensgeberin ist die altrömische Geburtsgöttin Nona

Nora Kurzform von Eleonora

Noreen englische Kurzform von Eleonora

Nori (japanisch) Gesetz

Noriko (japanisch) Gesetz + Kind

Norina italienische Form von Eleonora/Kurzform von Nora

Norma (lateinisch) Richtschnur, Regel, Gebot; als Vorname bekannt durch die gelichnamige Bellini-Oper

Notburga (altdeutsch) »not« = Bedrängnis/»burga« = Zuflucht, Schutz

Nova (lateinisch) die lateinische Bezeichnung für einen neuen Stern ist seit einigen Jahren auch als Vorname sehr beliebt.

Nuria spanische Abkürzung von »Nuestra Señora de Núria«, der Bezeichnung einer heiligen Stätte (bedeutet »leuchtend, strahlend«)

Octavia weibliche Form von Octavius, »die Achte« *Octaviana*

Oda (altdeutsch) Besitz; auch alte Form von Uta, Ute, auch von Odal ableitbar = Geheimnis

Odalhild (altdeutsch) Kombination aus Oda und Hilde

Odalinde (altdeutsch) »die Schutzschildführende«

Odette französische Form von Oda

Odile französische Form von Odilia

Odilia latinisierte Form von ahd. Odila, Otila, einer Koseform von Oda

Odina Weiterbildung von Oda, oder weibliche Form von Odin (höchste Gottheit der nordgermanischen Mythologie

Oktavia deutsche Schreibweise von Octavia

Olga russische Form von Helga (glücklich, gesund)

Oliva italienische Form von Olivia

Olive französische Form von Olivia

Olivia (lateinisch) Olive oder Ölbaum

Olympia (griechisch) »die vom Berg Olymp Stammende«

Omolara (nigerianisch) in der Yoruba-Sprache »zur rechten Zeit geboren«

Oni (nigerianisch) in der Yoruba-Sprache »geboren an einem heiligen Ort«

Oona Variante des irischen Vornamen Úna

Oonagh (irisch) »die Einzigartige«

Ophelia (griechisch) Beistand oder Hilfe

Ora (neuhebräisch) Licht

Orlanda spanische und italienische Form von Rolanda

Ortraud (altdeutsch) Variante von Ortrud

Ortrud (altdeutsch) »ort« = Schwertspitze/»trud« = Kraft

Ortrun (altdeutsch) »ort« = Schwertspitze/»runa« = Geheimnis

Ottilie Nebenform von Odilie

Oxana russische und ukrainische Form von Xenia

Özgül (türkisch) »die richtige/ungefälschte Rose«, »die wahre Rose«

Öznur (türkisch) »das wahre Licht«, »in ihr steckt der göttliche Funke«

Paloma (spanisch) Taube

Pamela englischer Name, basiert auf den griechischen Worten für »alles« und »schwarz«. Der Name wurde wahrscheinlich vom Schriftsteller Philip Sidney für den Roman Arcadia (erschienen 1593) erfunden.

Pandora (griechisch) »pan« = ganz/»doron« = Gabe, Geschenk

Panja russische Kurzform von diversen russischen Vornamen

Pascale weibliche Form von Pascal (»die Österliche«)

Pascaline Erweiterung von Pascale

Patricia englischer Name, der auf dem römischen Beinamen »Patricius« basiert (»dem römischen Adel angehörig«; moderne Variante Patrisha; deutsche Schreibweise Patrizia; Kurzformen Patsy, Patty

Patrizia andere Form von Patricia

Patsy englische Koseform von Patricia *Patty*

Paula (lateinisch) »die Kleine«

Paulette französische Verkleinerungsform von Paula

Paulina andere Form von Pauline

Pauline Weiterbildung von Paula

Peggy (englisch) Kurzform von Margaret (Perle)

Penelope (griechisch) »die Treue«. In der griech. Mythologie war Penelope die Gattin des Odysseus, die nach dem Troischen Krieg 20 Jahre lang auf seine Heimkehr wartete. Möglicherweise von »penelops«, einer speziellen Entenart mit buntem, glänzendem Gefieder (Penelope wäre dann »die Glänzende«)

Penina (hebräisch) »die Perle«

Peninah englische Form von Penina

Petia bulgarische Koseform von Petra

Petra (griechisch/lateinisch) weibliche Form von Peter. Ist entstanden aus Petrus (der Fels)

Petronella (griechisch) Der Fels (= Petrus)

Philine griechischen Ursprungs, von »philos« = lieb, geliebt, teuer

Philippa (griechisch) weibliche Form von Philipp, aus den griechischen Worten für Pferd und Freund abgeleitet

Phillis andere Form von Phyllis

Philomena (griechisch) »die der Liebe treu bleibt«

Phöbe deutscher Name mit griechischem Ursprung (»die Glänzende, Leuchtende, Strahlende«)

Phoebe (griechisch) »die Leuchtende«

Phyllis (griechisch) Blatt oder Laub

Pia weibliche Form von Pius (»die Rechtschaffende, Fromme«)

Prisca (lateinisch) »die Altehrwürdige«; auf dem römischen Beinamen Priscus basierend (alt, streng, ehrwürdig) *Priska*

Priscilla englische und italienische Form von Prisca

Putri (indisch) Tochter

Queenie (englisch) Königin

Querida (spanisch) »meine Liebe«

Quinta (lateinisch) weibliche Form von Quintus (der Fünfte)

Quintia (lateinisch) weibliche Variante zu Quintius (»die Fünfte«)

Quintina Erweiterung von Quinta

Quirina (lateinisch) Beiname des Kriegsgotts Mars (Lanzenschwingerin)

Qumaira (arabisch) »kleiner Mond«

Rabea hebräisch (Mädchen) oder arabisch (Frühling)

Rachel (hebräisch) Mutterschaf

Rafaela andere Form von Raphaela

Raffaela italienische Form von Raphaela

Ragnhild nordische Form von Reinhild *Ragna*

Ragnhilde andere Form von Ragnhild

Rahel andere Form von Rachel

Raja russische Kurzform von Rachel

Ramona weibliche Form von Ramon (Rat/Schutz)

Raphaela weibliche Form von Raphael

Raquel spanische Form von Rachel

Rawiya (arabisch) geheimnisvoll

Rea andere Form von Rhea

Rebecca englische Form von Rebekka

Rebekka (hebräisch) »die Bestrickende«, »die Fesselnde« oder »die Schmeichelnde«

Regina (lateinisch) Königin

Regine andere Form von Regina

Regula (lateinisch) Ordnung

Reinhild (altdeutsch) »ragina« = Rat/»hilta« = Kampf, Kämpfer

Reinhilde andere Form von Reinhild

Renata italienische Form von Renate

Renate weibliche Form von Renatus; wiedergeboren

Reneé französische Form von Renate

Reni Koseform von Renate, Verena und Irene

Resi Kurzform von Theresa und Therese

Reta Schweizer Vorname (»die Rätoromanin«)

Rhea (griechisch) die Mutter von Zeus und Poseidon

Rhianna (keltisch) Nymphe, Mondgöttin

Rhonda (walisisch) »rhon« = Speer/ »da« = gut

Ria Kurzform von Maria

Rica spanische Kurzform verschiedener Name, so z.B. von Richarda

Ricarda spanische Form von Richarda

Riccarda italienische Form von Richarda

Richarda weibliche Form von Richard

Ricksta (friesisch) friesische Kurzform von Namen, die mit »Ric-« beginnen *Ricksa, Rixa*

Rieke Kurzform von Friederike, Henrike, Ulrike ... *Rike*

Rifka ursprüngliche Form von Rebekka

Rike Kurzform von Friederike, Henrike, Heinrike und Ulrike

Rilana bekannt aus der Fernsehserie »Arpad, der Zigeuner« (1973-1975) Bedeutung leider unbekannt

Riona irisch/gälische Form von Katharina

Rita (italienisch) Kurzform von Margarethe (Perle)

Rixta andere Form von Ricksta

Roberta weibliche Form von Robert

Robina weibliche Form von Robin. Dieser ist eine Kurzform des germanischen Namens Robert (»glänzend«). Die weibliche Verwendung ist vom englischen Wort für Rotkehlchen entlehnt.

Rolanda weibliche Form von Roland (Ruhm/kühn)

Rolande andere Form von Rolanda

Romana weibliche Form von Roman

Romi Kurzform von Rosemarie

Romina andere Form von Romana

Rona Kurzform von Corona und Verona

Ronja russische Kurzform der Namen Veronika (»die Siegbringerin«) und Roxana (»die Glänzende« oder Morgenröte)

Rosa (lateinisch) »die Rose«

Rosalia italienische Form von Rosa

Rosalind andere Form von Rosalinde

Rosalinde (altdeutsch) »hruom« = Ruhm, Ehre/»linta« = Lindenholzschild

Rosalyn mittelalterliche Form von Rosalinde

Rosamunde (altdeutsch) Ruhm oder Rechtsschutz

Rosaria Weiterbildung von Rosa

Rose Nebenform von Rosa

Rosemarie zusammengesetzt aus Rose und Marie

Rosemary englische Form von Rosemarie

Rosi Kurz- und Kosefrom von Rosemarie und Roswitha

Rosine Weiterbildung von Rosa

Rosmarie andere Form von Rosemarie

Roswitha, Roswita (altdeutsch) »die Ruhmesreiche«

Rotraud (altdeutsch) »rod« = Ruhm/»trud« = Stärke *Rotraut*

Rowena, Rowina aus dem Englischen übernommen. Wahrscheinlich latinisierte Form des altenglischen Hrodwyn (»hreod« = Ruhm/»wynn« = Freude)

Roxana (persisch) »die Glänzende« *Roxanne*

Rudolfa weibliche Form von Rudolf

Ruperta weibliche Form von Rupert

Rut norwegische und katalanische Schreibweise von Ruth

Ruth (hebräisch) Freundin oder Schönheit

Sabina andere Form von Sabine

Sabine (lateinisch) »die aus dem Geschlecht der Sabiner«

Sabrina ursprünglich der Name der Nymphe des englischen Flusses Severn *Sabrine*

Sahra (biblisch) Fürstin, Herrin *Sara*

Sakura (japanisch) »die Kirschblüte«

Salloa (arabisch) »so wie Allah«

Sally englische Koseform von Sarah

Salome, Salomea, Salomi (griechisch) weibliche Formen von Salomon (friedlich)

Samantha (hebräisch) »die Zuhörerin«

Samira (arabisch) »die unterhaltende Begleiterin«

Sandra (italienisch) Kurzform von Alexandra

Sandrina italienische Weiterbildung von Sandra

Sandy Koseform von Alexandra

Sanja russische Kurzform von Alexandra

Saphira (hebräisch) Edelstein

Sara andere Form von Sarah

Sarah (hebräisch) Fürstin

Sarina niederländische Form von Sarah

Sarita spanische Koseform von Sarah

Sascha russische Kurzform von Alexandra

Saskia weibliche Form des niederdeutschen männlichen Namens Sasso (Sachse)

Scarlett (englisch) »die Rothaarige«

Scholastika (lateinisch) »die Schülerin«

Sebastiane (griechisch) weibliche Form von Sebastian (erhaben)

Selena griechische Mondgöttin *Selene, Selina, Seline, Selinda*

Selma Kurzform von Anselma. Auch: arabische Abwandlung von Salome

Senta Kurzform von Crescentia oder Vincenta

Seraphina weibliche Form des hebräischen Namens Seraphin

Serena weibliche Form von Serenus (heiter)

Sergia weibliche Form von Sergio (Wächter, Diener)

Severina, Severine weibliche Form von Severin, einem männlichen Vornamen lateinischen Ursprungs, der aus der Weiterbildung des altrömischen Bei- und Familiennamens Severus entstand, was »der Strenge« oder »der Ernste« bedeutet

Shakira (arabisch) »die Anmutige«

Shania (Suaheli) wundervoll

Sheila englische Schreibweise des irischen Namens Sile, einer gälischen Form von Cäcilie

Sheyla sehr beliebt in Kurdistan und bedeutet Blüte

Shirley (englisch) früher Bezeichnung für eine Ortschaft

Shona schottische Variante von Johanna

Shoshana (hebräisch) Rose

Sibyl englische Form von Sibylle

Sibylla (lateinisch) Name einer griechischen Seherin. Später allgemeine Bezeichnung für Seherinnen und Prophetinen

Sibylle (griechisch) Name einer Seherin, die Variante Sybille kommt zwar häufig vor, ist sprachlich aber nicht richtig; englisch Sibyl

Sidonie (lateinisch) weibliche Form von Sidonius (der aus Sidon Stammende)

Siegfriede (althochdeutsch) weibliche Form von Siegfried (Friede)

Sieglinde (althochdeutsch) »sigu« = Sieg/»linta« = Lindenholzschild *Sieglind; Siglind*

Siena (niederländisch) Kurzform von Namen mit »-sina«

Sienna (amerikanisch) abgeleitet vom englischsprachigen Namen der italienischen Stadt Siena

Signild (nordisch) »sigu« = Sieg/»hiltja« = Kampf

Sigrid (nordisch) »sigr« = Sieg/»fridr« = schön

Sigrun (althochdeutsch) »sigu« = Sieg/»runa« = Geheimnis *Siegrun*

Silja friesische Kurzform von Cäcilia

Silke friesische Koseform von Cäcilia *Sylke*

Silvana, Sylvana (italienisch) weibliche Formen von Silvanus (Waldbewohner); Kurzform Silva

Silvia (lateinisch) Wald *Silvie, Sylvie, Sylwia*

Simona italienische Form von Simone

Simone weibliche Form von Simon (stumpf, plattnasig). Dieser gehört zu den biblischen Vornamen griechischer Herkunft (»von Gott erhört«, Bedeutung umstritten).

Simonetta italienische Weiterbildung von Simone

Sinikka (finnisch) blau

Sinja, Sina Kurz- und Koseform von Namen, die auf »-sina« enden, z.B. Gesina

Siobhan gälische Form von Jane

Siri schwedische Kurzform von Sigrid

Sissy österreichische Kurz- und Koseform von Elisabeth

Sixta weibliche Form von Sixtus

Sixtina Weiterbildung von Sixta

Skara benannt nach einer schwedischen Stadt

Smilla aus dem Schwedischen übernommener dänischer Name (Lächeln)

Sofia, Sofie (griechisch) Weisheit *Sophia, Sophie*

Soléa (französisch) Sonne

Solveig (schwedisch) Saal, Haus, Kraft, Kampf. Varianten sind Solveigh und Solvej (dänisch) sowie Solvejg (norwegisch)

Solvejk dänische/norwegische Form von Solveig

Sonja russische Koseform von Sophia *Sonia*

Sonsee Kurzform von Sonseeahray, eine Protagonistin im Spielfilm »Der gebrochene Pfeil« von 1950. Dieser Name soll laut Film aus der Sprache der Apachen kommen und »Morgenstern« bedeuten.

Sontje (friesisch) kleine Sonne

Sophia, Sophie (griechisch) »die Weise«, Weisheit *Sofia, Sofie*

Soraya (persisch) »guter Herrscher«

Stefanida russische Form von Stephanie

Stefanie (griechisch) weibliche Form vonStefan (Kranz, Krone) *Stefani, Steffanie, Stephanie, Stefania*

Steffi, Steffie Kurz- und Koseform von Stefanie

Stella (lateinisch) Stern

Stephanie (griechisch) Kranz, Krone

Stilla »die Stille« oder »die Ruhige«

Stina, Stine (niederdeutsch) Kurzformen von Christina, der weiblichen Form von Christian »Anhänger Christi«.

Der griechische Ursprung des Namens bedeutet »der Gesalbte«

Sue englische Kurzform von Susan

Sünje Koseform von Namen, die mit dem Wortbestandteil »Sun-« beginnen.

Sulamith (hebräisch) »die Friedliche«

Suleika (arabisch) »die Verführerin«

Sunnhild (althochdeutsch) »Sunna« = Sonne/»Hiltja« = Kampf

Susan englische Form von Susanne *Susann, Sue und Suzan*

Susanka slawische Form von Susanne

Susanne (hebräisch) die Lilie *Susanna, Susann,*

Susi, Suse, Sanne Kurzformen von Susanne *Susie, Sue*

Suzanne, Suzette französische Formen von Susanne *Susette*

Svanja Kurzform von Namen, die mit dem Wortbestandteil »Svan-« oder »Swan-« beginnen

Svantje andere Form von Swantje

Svea aus dem Schwedischen, von »svearike« = Schwedenreich. Könnte also mit »die Schwedin« übersetzt werden

Svenja (nordisch) weibliche Form von Sven *Swenja, Swenia*

Svetla bulgarische Kurzform von Svetlana

Svetlana (russisch) »die Helle« oder »die Weiße«

Swanhild (althochdeutsch) »swan« = Schwan/»hilta« = Kampf, Kämpfer

Swantje (friesisch) Variante von Swanhild (Schwan/Kampf)

Swenia (nordisch) andere Form von Svenja

Swetlana (russisch) andere Form von Svetlana

Sybill andere Form von Sibyl

Sybille andere Form von Sibylle

Sylvana andere Form von Silvana

Sylvia Variante von Silvia *Silvie, Sylvie, Sylwia*

Synje Variante von Sünje

Tabea (hebräisch) Gazelle

Tabitha (aramäisch) Variante von Tabea

Tale, Thale, Thalea niederdeutsche Koseformen von Adelheid

Talea andere Form von Tale

Talina Weiterbildung von Tale

Tamara russische Form des hebräischen Namens Thamar (Dattelpalme)

Tamia Koseform von Tamara

Tamina weibliche Form von Tamino (Herr/Gebieter)

Tanja Koseform von Tatjana, basiert auf dem römischen Beinamen Tatianus, einer Weiterbildung von Tatius (König der Sabiner, Mitregent des Romulus) *Tania, Tanya*

Tara amerikanischer Name, der auf einen irischen Ortsnamen mit der Bezeichnung »Hügel« zurückgeht

Tassia (russisch) Kurzform von Anastasia

Tatiana englische Form von Tatjana. Namenspatronin ist die heilige Tatiana, Märtyrerin in Rom (2./3. Jahrhundert)

Tatienne französische Form von Tatjana

Tatjana russische Weiterbildung von Tatius (König der Sabiner, Mitregent des Romulus)

Taziana italienische Form von Tatajana

Teresa englische und spanische Form von Theresa

Tess Kurzform von Theresa *Tessa, Tessy*

Thamar (hebräisch) Dattelpalme

Thea Kurzform von Dorothea, Theodora und Theresa

Theda friesische Kurzform von Namen, die mit dem Wortbestandteil »Theod-« beginnen

Thekla (griechisch) guter Ruf, Ruhm

Theo (griechisch) Kurzform von Theodora

Theodora, Theodore (griechisch) weibliche Form von Theodor (Gottesgeschenk); friesische Kurzform Theda

Theophania (griechisch) »theos« = Gott/»phainain« = erscheinen

Theresa (griechisch) »Bewohnerin der Insel Thera«

Theresa, Teresa (griechisch) »Jägerin« *Therese, Theresia, Terese, Teresi*

Thèrèse französische Form von Theresa

Thilde Kurzform von Mathilde

Thora nordische Kurzform von Namen, die mit dem Wortbestandteil »Thor-« beginnen.

Thordis (nordisch) »Thor« = germanischer Donnergott/»dís« = Göttin

Thorid andere Form von Thurid

Thurid (nordisch) »Thor« = germanischer Donnergott/»fridr« = schön

Thyra (nordisch) »Thor« = germanischer Donnergott/»wig« = Kampf, Kämpfer *Tyra*

Tiffany englische Form von Theophania

Tilla Kurzform von z. B. Mathilde

Timasia abgeleitet aus dem Namen eines griechischen Heerführers namens Timasion

Timea weibliche Form von Timo

Tina Kurzform von diversen Namen, z. B. Martina oder Bettina *Tine, Tini*

Tinka (russisch) Kurzform von Kathinka

Tirza (hebräisch) Anmut, Wonne oder Lieblichkeit

Tomke niederdeutsche Kurzform von Dominika. Auch als männlicher Vorname gebräuchlich

Toni, Tony Kurzformen von Antonia

Tonia, Tonja, Tona russische Kurzformen von Antonia

Tordis andere Form von Thordis

Torgard (schwedisch) »Thor« = germanischer Donnergott/»gardh« = Hort, Schutz

Tosca (italienisch) Toskanerin

Toska eingedeutschte Form von Tosca

Tove (biblisch, hebräisch) weibliche Form von Tobias (Gott ist gütig) *Tobia*

Traude, Traute Kurzformen von Edeltraud, Gertraud, Irmtraud und Rotraud

Traudel andere Form von Traude

Traudl andere Form von Traudel

Trina (griechisch) Kurzform von Katharina (rein und aufrichtig)

Trude, Trudi, Trudel, Trudl Kurzformen von Gertrud, Waltrud und Wiltrud

Tyra andere Form von Thyra

Uda Varianten von Oda (Besitz)

Ümran (türkisch) Fröhlichkeit, Glückseligkeit, Zufriedenheit, Segen, Wohlstand und Zivilisation

Ula Nebenform von Ulla

Uletta (italienisch) Erweiterung von Ula

Uli Koseform von Namen, die mit »Ul-« gebildet werden, besonders von Ulrike.

Uljana russische Variante von Juliana

Ulla Kurzform von Ursula und Ulrike

Ulli Variante von Uli

Ulrike weibliche Form von Ulrich
Ulrika

Uma (indisch) Licht, »Tochter des Himavat, dem Gott des Himalaya«

Una eingedeutschte Form des englischen Namens Oona, aber auch lateinisch: eine, einzige

Undine (lateinisch) Welle

Unnati (Sanskrit) »die sich nach oben biegt«

Urda, Urd Name einer altnordischen Schicksalsgöttin (das Gewordene, die Vergangenheit).

Ursel, Uschi Kurzformen von Ursula
Ursela

Ursina (lateinisch) »die Bärin«

Ursula (lateinisch) kleine Bärin

Ursulane, Ursulina, Ursuline Erweiterungsformen von Ursula

Urte (baltisch) Kurzform von Dorothea (Gottesgeschenk)

Usha (Sanskrit) Morgendämmerung

Uta, Ute Varianten von Oda (Besitz)

Uzoma (nigerianisch) in der Ibo-Sprache »folge dem rechten Weg«

Vaike (altestnisch) Friede

Valentina, Valentine (lateinisch) weibliche Formen von Valentin (gesund, kräftig). Russische Kurzform Valja *Valentyna*

Valeria weibliche Form von Valerius (gesund, kräftig) *Valerija, Valesca, Valeska*

Valerie französische Form von Valeria

Valeska polnische Form von Valeria

Valja russiche Kurzform von Valentina

Vanadis Beiname der altnordischen Göttin Freya (= aus dem Göttergeschlecht der Vanen)

Vanessa englische Bezeichnung einer Schmetterlingsfamilie

Vania englische oder italienische Form von Wanja *Vanja*

Venus benannt nach der römischen Göttin der Schönheit und der Liebe

Vera (russisch) Religion oder Glaube, Zuversicht

Verena (lateinisch) »vereri« = scheuen , fürchten , verehren

Verona Kurzform von Veronika

Veronica andere Form von Veronika

Veronika (griechisch/lateinisch) »die Siegbringerin«

Vèronique französische Form von Veronika

Vesta benannt nach der römischen Göttin des Herdfeuers und der Häuslichkeit

Vibeke dänische Form von Wiebke

Vicky englische Kurzform von Viktoria (»die Siegerin«) *Vicki*

Victoire französische Form von Viktoria

Viktoria (lateinisch) der Sieg, auch Name der altrömischen geflügelten Siegesgöttin *Victoria, Viktorija, Viktoriya*

Vilja (finnisch) Güte und Reichtum

Vilma (ungarisch) Variante von Wilhelmine

Vincenza (lateinisch/italienisch) siegend *Vincenta*

Viola (lateinisch) Veilchen

Violet englische Form von Viola

Violetta italienische Form von Viola *Violeta*

Violette französische Form von Viola

Viona außerhalb des englisch-sprachigen Raums Schreibvariante von Fiona

Virginia (lateinisch) Jungfrau *Virginie*

Virginie französische Form von Virginia

Vita (lateinisch) Leben *Vida*

Vittoria (italienisch) Variante von Viktoria

Vivian englische Form von Viviane

Viviana italienische Form von Viviane

Viviane (französisch) lebendig, lebhaft *Vivianne, Vivienne*

Vreni Schweizer Kurz- und Koseform von Verena

Vroni Kurz- und Koseform von Veronika

Wafa (arabisch) »ein Versprechen erfüllen«

Walburga (altdeutsch) »walt« = walten, herrschen/»burg« = Burg *Walburg, Walpurga*

Waleria polnische Form von Valeria

Waltraud (altdeutsch) »walt« = walten, herrschen/»trud« = Stärke *Waldtraud, Waldtraut, Waltraude, Waltraute, Waltrud*

Wega Kurzform von Zusammensetzungen mit »Wig-« oder »-wig«

Wencke nordische Form von Wenke

Wenke (nordisch) Kurzform von Namen, die mit dem Wortbestandteil »Win-« beginnen

Wera andere Form von Vera

Werna Kurzform von Zusammensetzungen mit »Wern-«

Weronika polnische Form von Veronika

Wibke, Wiebke (friesisch) Kurzformen von mit »-wig« zusammengesetzten Vornamen

Widad (arabisch) lieben, gern haben

Wiebe friesische Kurzform von Namen, die mit dem Wortbestandteil »Wig-« beginnen

Wiebke moderne Form des niederdeutschen Namens Wiebe

Wiktoria polnische Form von Viktoria

Wilfriede weibliche Form von Wilfried (Wille, Friede)

Wilhelma weibliche Form von Wilhelm

Wilhelmine Weiterbildung von Wilhelma

Wiltrud (altdeutsch) »willio« = Wille/»trud« = Kraft

Winfriede (altdeutsch) weibliche Form von Winfried (Schutz, Friede) *Winifred*

Wioleta Variante von Violetta

Witta (friesisch) Holz

Xandra Kurzform von Alexandra, »die Männer Abwehrende«

Xanthippe (griechisch) Frau des Sokrates

Xaveria weibliche Form des Herkunftsnamen des Heiligen Franz Xaver

Xaviera Variante von Xaveria

Xenia, Xenja (griechisch) gastfreundlich

Xochil (mexikanisch) die Blume

Yael (hebräisch) Wildziege

Yagmur (türkisch) Regen

Yaisa, Yaiza (spanisch) benannt nach einem Ortsnamen auf der Insel Lanzarote

Yara lateinamerikanisch (Frau, Dame, Herrin) und persisch (Mut, Kraft)

Yasemin türkische Variante von Jasmin *Yasamin, Yasmina*

Yasmin andere Form von Jasmin

Yehudit neuhebräische Variante von Judith (»die Gepriesene«)

Yelena englische Schreibweise von Jelena

Yelva (nordisch) einzige Erbin

Ylenia neuer deutscher Vorname, vermutlich von Helene abgeleitet (strahlend, leuchtend)

Ylva (schwedisch) kleine Wölfin

Ylvi, Ylvie norwegisch (kleine Wölfin), schwedisch Ylva

Yoko (japanisch) Großzügigkeit, Toleranz

Yuriko (japanisch) Lilie/Mädchen

Yvette (französisch) weibliche Form von Yves

Yvonne weibliche Form von Yvon

Zahra (arabisch) Blume, Blüte

Zaida (arabisch) größer werden, wachsen, zunehmen

Zandra englische Form von Sandra

Zara englische Form von Zarah, auch Variante von Sara

Zarah schwedische Nebenform von Sara

Zarina weibliche Form des männlichen Vornamens Zarin

Zäzilie deutsche Schreibung von Cäcilie

Zelda englische Kurzform von Griselda

Zenta, Zenzi Kurzformen von Innozentia, Kreszentia und Vinzentia

Zina ostfriesische Kurzform von Gesina

Zippora (hebräisch) kleiner Vogel. In der Bibel ist Zippora der Name von Moses Frau

Zita Kurzform von Felizitas (Glückseligkeit, Glück); auch altitalienisch (Mädchen)

Ziva (neuhebräisch) Glanz, Ruhm

Zoe (griechisch) Leben

Zora bulgarisch (Morgenröte) und hebräisch (»Hornisse« oder auch »Niederlage«)

Aaron, Aron (hebräisch) erleuchtet

Abbas (arabisch) streng, finster, jemanden finster ansehen

Abdul (arabisch) verkürzte Form von zahlreichen Namen, die mit »abd« (= Diener Gottes) gebildet werden

Abdullah (arabisch) »abd« = Diener + »Allah« = Gott, also Diener Gottes

Abel (biblisch, hebräisch) Vergänglichkeit; als Anspielung auf Abels vorzeitigen Tod

Abigail (hebräisch) Vaterfreuden

Abraham (hebräisch) »Vater der Menschen«

Absalom (hebräisch) »Vater des Friedens«

Absalon (hebräisch) Variante von Absalom

Achill aus der griechischen Mythologie übernommen von Achilles

Achim deutsche Kurzform von Joachim

Achmed (arabisch) lobenswert oder »der Lobenswerte« *Ahmed, Achmad, Ahmad*

Adalbert (altdeutsch) »adal« = edel, vornehm/»beraht« = glänzend

Adalbrand (altdeutsch) »adal« = edel, vornehm/»brant« = brennenden Schmerz verursachendes Schwert

Adalbrecht (altdeutsch) Variante von Adalbert

Adalger (althochdeutsch) »adal« = edel, vornehm, edles Geschlecht +»ger« = Speer

Adalrich (altdeutsch) »adal« = edel, vornehm/»rihhi« = Herrschaft, Herrscher *Alrich, Alrik*

Adam (hebräisch) der Mensch

Adamo italienische Variante von Adam

Addo niederdeutsch-friesische Kurzform von Namen, die mit »Adal-« beginnen.

Adelbert (altdeutsch) Nebenform von Adalbert

Adolf (althochdeutsch) jüngere Form von Adalwolf; »adal« = edel, vornehm/»wolf« = Wolf

Adolfo italienische und spanische Form von Adolf

Adolph veraltete, auch englische Schreibweise von Adolf

Adolphe französische Variante von Adolf

Adonis Herr; aus der griechischen Mythologie übernommener Vorname semitischen Ursprungs

Adriaan niederländische Variante von Adrian

Adrian (lateinisch) »der aus der Stadt Hadria (Adria) Stammende«; früher auch Hadrian

Adriano italienische Variante von Adrian

Adrien französische Variante von Adrian

Ago verselbstständigte Kurzform von Namen, die mit »agi« (germanisch für Schrecken) und später mit althochdeutsch »ekka« = Schwertschneide, Spitze gebildet wurden; z.B. Agimar

Ahmet türkische Form von Achmed

Aik eingedeutschte Schreibweise zum englischen Ike

Aimé französische Form von Amatus (geliebt)

Akim russische Form von Joachim

Aladin (arabisch) Erhabenheit des Glaubens

Alain bretonische, in Frankreich verbreitete Form von Alan

Alan (keltisch) aus dem Englischen übernommener Vorname bretonischen Ursprungs (»zu dem Germanenstamm der Alanen gehörend«)

Alban (lateinisch) »der aus der Stadt Alban Kommende«

Alberich (altdeutsch) »alb« = Elf, Naturgeist/»rihhi« = Herrschaft, Macht

Albert (altdeutsch) Kurzform von Adalbert, Adelbert (edel, vornehm, glänzend)

Albin (lateinisch) »der Weiße«; auch Nebenform von Albuin

Albrecht (althochdeutsch) jüngere Form von Adalbrecht

Albuin (althochdeutsch) Freund der Naturgeister und Elfen

Aldo verselbstständigte Kurzform von mehreren italienischen Namen germanischer Herkunft wie z.B. Arnaldo

Alec englische Kurzform für Alexander

Alessandro italienische Form von Alexander

Alessio italienische Form von Alexis

Alexander lateinische Form von griechisch Alexandros (»der Männer Abwehrende«, Schützer)

Alexei russische Form von Alexis

Alexis (griechisch) Hilfe, Abwehr

Alf Kurzform von Namen, die mit »Alf-« beginnen, besonders von Alfred, früher auch Kurzform von Adolf.

Alfons basiert auf der spanischen Form eines westgotischen Namens (»hadu« = Kampf, »funs« = eifrig, bereit, willig)

Alfred aus dem Englischen mit altgermanischer Herkunft (Naturgeist/Ratgeber)

Ali (arabisch) hoch, erhaben, edel

Aljoscha russische Koseform von Alexei

Alkwin (althochdeutsch) Elch/Freund

Allesandro italienische Form von Alexander

Alois (altdeutsch) »der sehr Weise«, latinisierte italienische Koseform von Ludovico

Aloys Variante von Alois

Alrich (althochdeutsch) jüngere Variante von Adalrich

Alrik niederdeutsche Variante von Alrich

Alwin (altdeutsch) »adal« = edel, vornehm/»wini« = Freund

Amadeo spanische Form des lateinischen Amadeus

Amadeus (lateinisch) »ama« = Liebe/»deus« = Gott

Amandus (lateinisch) »der Liebenswerte«

Amatus (lateinisch) »der Geliebte«

Ambros Kurzform von Ambrosius: griechisch (unsterblich)

Ambrosius (griechisch) »der Unsterbliche«

Amerigo italienische Entsprechung von Heimerich

Amos (hebräisch) »der (von Gott) Getragene«, »der Rüstige«

Anas (arabisch) Gemeinschaft, Menschheit

Anastasios, Anastasius (griechisch) »der Auferstandene«, Kurzform Tasso, Verkleinerungsform Tassuli

Anatol (griechisch) Sonnenaufgang

Anatolij russische Variante von Anatol

Anders deutsche und schwedische Nebenform von Andreas

Andi Koseform von Andreas *Andy*

André französische Variante von Andreas

Andreas (griechisch) »der Tapfere« oder »der Mannhafte«

Andrej russische Variante von Andreas

Andrew englische Variante von Andreas

Angel englische und spanische Variante von Angelus

Angelus (lateinisch) Engel oder Bote Gottes

Anianus »der Gequälte«; Namensvorbild ist der aus Irland oder Westfranken stammende heilige Anianus (7./8. Jahrhundert)

Anjo friesische Koseform von Namen, die mit dem Namenwort »arn« gebildet sind; ebenso bulgarische Koseform von Angelus

Anouk (Inuit) Bär

Ansbald (altdeutsch) »ans« = Gott/»bald« = kühn, mutig, eifrig

Anselm (altdeutsch) »ans« = Gott/»helm« = Helm

Ansfried (altdeutsch) »ans« = Gott/»fried« = Friede, Ruhe, Sicherheit, Schutz *Ansfrid*

Ansgar (altdeutsch) »ans« = Gott/»ger« = Speer

Antek polnische Koseform von Andreas

Anthony englische Variante von Anton

Antoine französische Form von Anton

Anton (lateinisch) altrömischer Geschlechtername *Antonius*

Antonio italienische Variante von Anton

Anwar (arabisch) »der Leuchtende«

Aram (biblisch, hebräisch) erhaben, Hochland

Aramis französischer Vorname, der von Alexandre Dumas für seinen Roman »Die drei Musketiere« erfunden wurde.

Arbo (althochdeutsch) der Erbe

Arbogast (altdeutsch) »arbi« = Erbe/»gast« = Fremder

Arda (türkisch) Befehlshaber, Herrscher; Arda ist auch ein niederländischer weiblicher Vorname

Arend niederdeutsche Kurzform von Arnold

Ari niederländische Kurzform von Arian; auch Kurzform von Aribert; auch israelische Kurzform von Ariel

Arian ostfriesisch-niederländische Nebenform von Adrian

Aribert romanische Variante von Heribert

Ariel (hebräisch) »ara« = Held/»el« = Gott

Arik Kurzform von mehreren russischen Vornamen

Aristide aus dem Französischen entlehnter Vorname griechischen Ursprungs (»Sohn des Edelsten«)

Aristoteles (griechisch) »áristos« = der Beste, »télos« = Ziel, Vollendung

Armand altfranzösische Variante von Hermann

Armel abgeleitet von einem bretonischen Heiligen des gleichen Namens (6. Jahrhundert)

Armin nach dem Cheruskerfürsten Arminius

Arnaldo spanische und italienische Form von Arnold

Arnd, Arndt durch Zusammenziehung entstandene Kurzformen von Arnold

Arne dänische und schwedische Nebenform von Arnold

Arnfried (althochdeutsch) »Schutz vor Waffengewalt«, Friede

Arnhelm (althochdeutsch) »arn« = Adler/»helm« = Helm

Arnim altdeutsche Verkleinerungsform von »Arn« = Adler

Arno Kurzform von Namen, die mit »arn« gebildet sind

Arnold (althochdeutsch) »wie ein Adler herrschend«

Arnt Variante von Arnd

Arnulf (altdeutsch) »arn« = Adler/»wolf« = Wolf

Aron (biblisch, hebräisch) Variante von Aaron

Arslan (türkisch) Löwe

Arthos Variante von Arthur

Arthur (keltisch) Bär *Artur*

Arturo italienische Variante von Arthur

Arun (Sanskrit) rötlich braun, die Farbe der Morgendämmerung

Arved (nordisch) Nebenform von Arvid

Arvit (nordisch) »ari« = Adler/»vior« = Baum, Wald *Arvid, Arwid, Arwit*

Ashton vor allem in den USA geläufiger Vorname, ursprünglich ein englischer Familienname nach dem häufigen gleichlautenden Ortsnamen

Aslan (türkisch) Nebenform von Arslan

Asmus Kurzform von Erasmus

Assad (arabisch) Löwe

Athanasios (neugriechisch) Variante von Athanasius

Athanasius (griechisch) unsterblich

Attila geht auf den Namen des Hunnenkönigs Attila (6. Jahrhundert) zurück

August (lateinisch) »der Erhabene«

Aurel (lateinisch) basiert auf einem altrömischen Geschlechternamen vorrömischer Herkunft

Austin englische Form von Augustin

Avery ursprünglich ein englischer Familienname, der auf eine mittelalterliche Form von Alfred zurückgeht

Axel (schwedisch) Abkürzung für den biblischen Namen Absalom (»Vater des Friedens«)

Aydin (türkisch) hell, leuchtend

Ayo (nigerianisch) in der Yoruba-Sprache: Glück, Freude

Aziz (arabisch) geliebt, mächtig, geliebt sein, mächtig sein

Badr (arabisch) Vollmond

Bahar (persisch) Frühling

Bailey aus dem gleichlautenden Familiennamen abgeleitet, dem wiederum die Bezeichnung für einen Verwaltungsbeamten (mittelenglisch »bailiff«), ein Wohnstättenname (mittelenglisch »baily« = Burgmauer, Stadtbefestigung) oder ein Herkunftsname zu dem Ortsnamen Bailey in Lancashire zugrunde liegen kann.

Bala (Sanskrit) jung; auch als weiblicher Vorname gebräuchlich

Balázs ungarische Variante von Blasius

Baldeo nordindische Form von Baldev

Baldev (Sanskrit) »Gott der Stärke«

Balduin (altdeutsch) »bald« = kühn/»wini« = Freund *Baldwin*

Baldur der Sohn Odins. Baldur ist der nordische Gott des Frühlings

Baldur (nordisch) Kraft, mutig, wehrhaft *Balder*

Baldwin (althochdeutsch) »bald« = kühn/»wini« = Freund *Balduin*

Bálint ungarische Form von Valentin

Baltasar Schreibvariante von Balthasar, auch spanisch

Balthasar (babylonisch) »Gott schütze sein Leben«

Balu (Sanskrit) jung, auch Kurzform von Namen wie Balakrischna

Bamin (persisch) leuchtend, glänzend

Barak (biblisch) nach der Bibel kämpfte Barak im Auftrag Debora siegreich gegen ein feindliches Heer

Baran (türkisch) groß, hoch

Bardo (altdeutsch) »barta« = Streitaxt/»wolf« = Wolf

Barid (persisch) Bote

Barin (persisch) hervorragend

Barnabas (biblisch) »Sohn des Trostes«

Barne niederdeutsche Kurzform von Namen, die mit »Barn-«, Nebenform von »Bern-« gebildet sind

Barney englische Koseform von Barnabas

Barry (gälisch) aus dem Englischen übernommener Vorname irischer

Herkunft, Kurzform von Bearrach, einem mit gälisch »bear« (Speer) gebildeten Namen, oder von Fionnb(h)arr (»fionn« = weiß, hell + »barr« = Kopf)

Bart englische Kurzform von Bartholomew (Bartholomäus)

Bartholomäus (biblisch) »Sohn des Tolmai«

Bartley irische Kurzform von Bartholomäus

Bartolo italienische Kurzform von Bartolomeo

Bartosz polnische Form von Bartholomäus

Baruch (hebräisch) »der Gesegnete«; Baruch war Gefährte und Schreiber des Proheten Jeremia

Bas niederländische Kurzform von Sebastian

Baschir (persisch) »Der gute Nachricht bringt«

Basil englische Form des griechischen Namens Basilius (der Königliche)

Basile französische Form von Basilius

Basilius (griechisch) »der Königliche«

Bastian Kurzform von Sebastian

Bastien französische Variante von Bastian

Batuhan türkisch-aserbeidschanischer Herkunft (»der Überlegene«)

Bayram (türkisch) Name des Opferfests am Ende des Fastenmonats Ramadan

Beat Kurzform des lateinischen Namens Beatus

Beatus (lateinisch) »der Glückliche«

Beau in den 1980er Jahren entlehnter Vorname angloamerikanischer Herkunft, dem französisch »beau« = schön zugrunde liegt; zeitweise auch als »Schönling« interpretiert

Beda geht auf Beda (Venerabilis), den Namen des angelsächsischen Kirchenlehrers (7./8. Jahrhundert) zurück. Ursprüngliche Bedeutung nicht geklärt.

Bedirhan (türkisch) »bedir« = Vollmond + »han« = Fürst

Bekir türkische Form des arabischen Namens Bakr (junges Kamel)

Béla aus dem Ungarischen übernommener Vorname, der dort mit dem deutschen Adalbert gleichgesetzt wurde

Ben englische Kurzform von Benjamin oder Benedict

Benedetto italienische Form von Benedikt

Benedikt, Benedict (lateinisch) deutsche Varianten des lateinischen Namens Benediktus (der Gesegnete)

Bengt schwedische Variante von Benedikt

Benignus (lateinisch) »der Gütige«

Benito italienische und spanische Variante von Benedikt

Benjamin (hebräisch) Glückskind

Bennet englische Form von Benedikt, Bennett ist eine deutsche Schreibvariante

Benno Kurz- und Koseform von Bernhard

Benny Kurzform von Benjamin

Bent dänische Form von Benedikt, auch Kurzform von Bernhard

Bentor von den Kanarischen Inseln stammender Name, der auf Teneriffa als Name eines einheimischen Prinzen überliefert ist.

Benvenuto italienischen Ursprungs (»benvenuto« = willkommen)

Ber in Israel gebräuchlicher Vorname

Berend Kurzform von Bernhard

Berengar romanisierte Form von Bernger (germanisch »ber(a)nu« =Bär + althochdeutsch »ger« = Speer)

Berk (türkisch) fest, stark, hart

Berkan (türkisch) »berk« = stark, »han« = Blut

Berkay (türkisch) »berk« = stark, »ay« = Mond

Berko friesische Kurzform von Namen, die mit dem Namensbestandteil »Bern-« beginnen

Bernard englische oder französische Form von Bernhard

Bernardino italienische Form von Bernhard

Bernardo italienische oder spanische Form von Bernhard

Bernát ungarische Form von Bernhard

Bernd Kurzform von Bernhard

Berndt Variante von Bernd

Bernfried (altdeutsch) »bernu« = Bär/»fridu« = Friede

Bernhard (althochdeutsch) »bero« = Bär/»harti« = hart, kräftig *Bernhardt*

Bernhardt andere Schreibweise des alten deutschen Vornamen Bernhard (»starker Bär«)

Bernie englische Koseform von Bernard

Berno Kurzform deutscher Namen, die mit dem Namensbestandteil »Bern« beginnen

Bernold gebildet aus germanisch »ber(a)nu« = Bär und ahd. »waltan« = walten, herrschen

Bernwart alter deutscher Vorname, zusammengestzt aus germanisch »ber(a)nu« = Bär + althochdeutsch »wart« = Hüter, Schützer

Bero (althochdeutsch) Bär

Bert Kurzform von Adalbert, Albert, Berthold, Egbert und Kunibert

Bertfried (althochdeutsch) »beraht« = glänzend/»fridu« = Schutz vor Waffengewalt, Friede

Berthold (althochdeutsch) »der glänzende Herrscher« *Bertold*

Berti Kurzform von Berthold, Bertold

Bertil deutsche, inzwischen schwedische Kurzform von Namen, die mit »Bert-« oder »-bert« (= glänzend) gebildet sind.

Bertold (althochdeutsch) Schreibvariante zu Berthold

Bertram (altdeutsch) »beraht« = glänzend/»hraban« = Rabe

Bertrand alter deutscher Name, der mit ahd. »beraht« = glänzend + ahd. »rant« = Schild gebildet wird; daneben aber auch französische und englische Form von Bertram.

Bertus Kurzform von latinisierten Namen wie Albertus und Hubertus

Bertwin alter deutscher Vorname, zusammengestzt aus ahd. »beraht« = Bär + ahd. »wini« = Freund

Bezalel (biblisch) »im Schatten, im Schutz Gottes«

Bharat (Sanskrit) erhalten werden. Nach einem weisen Herrscher namens Bharat wurde auch das moderne Indien »Bharat« genannt.

Bhaskar (Sanskrit) »Licht machend, leuchtend hell«

Bilal (arabisch) Erfrischung, befeuchten

Bilge (türkisch) »der Weise«

Billy englische Koseform von Bill/William

Birger (schwedisch, norwegisch) Bergwolf; Variante: Börje

Birk ursprünglich alemannische Kurzform von Burkhard

Birko Erweiterung von Birk oder männliche Bildung zu Birke (dem gleichnamigen Baum)

Bjarne dänische/norwegische Nebenform von Björn

Björn (schwedisch) Bär

Blai katalanische Form von Blasius

Blaise französische Form von Blasius

Blake ursprünglich ein englischer Familienname, dem ein Übername zum altenglischen Wort für schwarz und dem für blass, weiß zugrundeliegt.

Blas spanische Form von Blasius

Blasius (lateinisch) lispelnd, lallend oder stammelnd

Blerti (albanisch) grün, maienfrisch

Bo phonetische Schreibweise von Beau

Boas aus der Bibel übernommener Vorname hebräischen Ursprungs (»in ihm ist Stärke«)

Bob englische Koseform, eigentlich Lallform aus der Kindersprache, zu Robert

Bobby englische Kurzform von Robert

Bodhi (Sanskrit) Erleuchtung

Bodo (altdeutsch) je nach Deutung »Bote« oder »Gebieter«; Variante Botho

Bogdan aus dem Polnischen oder Russischen übernommener Vorname, der wie Theodor Gottesgeschenk heißt.

Bogislaw im Deutschen verbreitete Nebenform von Boguslaw

Boguslaw (urslawisch) Ruhm, Ehre

Bolívar aus Lateinamerika stammender Vorname, der zu Ehren von Simón Bolívar, dem Befreier der spanischen Kolonien in Südamerika (18./19. Jahrhundert) vergeben wird. Der Name geht auf den gleichlautenden Ortsnamen in Norspanien (im Baskenland) zurück.

Bolko Kurzform von Namen, die mit dem Namensbestandteil »Bald-« beginnen.

Bomani aus Malawi stammender Vorname, der in der Ngoni-Sprache »der Krieger« bedeutet.

Bonaventura (italienisch) gutes Geschick (als Ausdruck eines guten Wunsches für den Träger)

Bongani aus Südafrika stammender Vorname, der in der Zulu-Sprache »sei dankbar« bedeutet.

Bonifatius (lateinisch) »der Gutes Verheißende«

Bonifaz Variante von Bonifatius

Bonino Erweiterung zu Bono oder Neuprägung zu dem italienischen Adjektiv »bonino« = gut, artig

Bonne Bonne friesischer Vorname zu germanisch (bun), Bedeutung unklar

Bono italienischer Vorname, der auf den spätrömischen Beinamen Bonus (lateinisch »bonus« = gut oder den gleichlautenden mittelalterlichen Wunschnamen Bono zurückgeht.

Bora (türkisch) Sturm

Börge (nordisch) Nebenform von Birger

Boris russische oder bulgarische Kurzform von Borislav

Borislav, Borislaw (slawisch) kämpfen/Ruhm, Ehre

Borja vor allem serbische, kroatische, slowenische Kurzform von Borislav

Börje Nebenform von Birger

Bork niederdeutsche Kurzform von Burkhard

Botho Variante von Bodo

Boto Nebenform von Botho

Boyd geht auf einen schottischen Clan-Namen zurück (gälisch »buidhe« = blond, hell)

Brad (englisch) Kurzform von Bradley

Bradley (englisch) ursprünglich ein aus

dem Altenglischen stammender Ortsname (breite Waldlichtung)

Brady vor allem in den USA geläufiger Vorname, ursprünglich ein englischer Familienname, der sich auf ein körperliches Merkmal (»breites Auge«) bezieht oder auf den Wohnsitz (»wohnhaft auf der breiten Insel«) zurückgeht.

Bram Kurzform von Abraham

Brand Kurzform von Namen, welche die altdeutsche Silbe »brand« enthalten

Brandolf (altdeutsch) »brant« = brennenden Schmerz verursachendes Schwert/»wolf« = Wolf

Brandon (altenglisch) Ginsterhügel

Branko (urslawisch) serbische, kroatische oder slowenische Kurzform zu Branislav

Brendon englische Variante von Brand

Brent englischer Vorname, der auf den gleichlautenden Familiennamen zurückgeht (Bedeutung umstritten)

Brett englischer Vorname, der auf den gleichlautenden Familiennamen zurückgeht (Brite, Bretone)

Brian (keltisch) »der Starke« oder »der Hügel« *Bryan*

Brice englische und französische Form des Heiligennamens Brictius, der wiederum eine Latinisierung eines ursprünglich keltischen Namens ist.

Bringfried gegen Ende des Ersten Weltkriegs aufgekommener Name, der den Wunsch nach Frieden ausdrückte.

Brix (keltisch) »der Kräftige«

Bruce geht auf den Namen eines schottischen Adelsgeschlechts normannischen Ursprungs zurück.

Bruno (althochdeutsch) Bär

Bryan Variante von Brian

Bryn (walisisch) nach walisisch »bryn« = Hügel

Burak (arabisch) nach islamischer Tradition ist Buraq der Name des Reittiers, das den Propheten Mohammed während einer Nacht von der Erde zum Himmel und wieder zurück trug.

Burghard Varianten von Burkhard *Burghardt, Burghart*

Burkhard (althochdeutsch) »burg« =

Burg/»harti« = hart, kräftig *Burkhart, Burkart, Burchard*

Burt Kurzform des englischen Namens Burton

Busso niederdeutsche Koseform von Burkhard

Butros arabische Form von Peter

Byron (altenglisch) Stall, Schuppen, Hütte

Caden in Australien beliebter Vorname irischen Ursprungs, der aus Mac Cadáin (»Sohn des Cadán«) hervorgegangen ist.

Caecilius (lateinisch) »der Trübäugige, Blinde«

Caesar (lateinisch) unterschiedliche Deutungen: der Kaiser, aber auch »caedere« = schlagen, hauen, herausschneiden *Cäsar, Cesare, César*

Caius, Cajus (lateinisch) Varianten von Gajus, »der Fröhliche«

Cajetan (lateinisch) »aus Gaeta stammend«

Caleb englische Form von Kaleb, die vor allem in Australien und den USA gebräuchlich ist

Callum schottisch-gälische Form des Namens des aus Irland stammenden heiligen Columba (Taube); auch latinisierte Form seines irischen Klosternamens Column Cille (Taube der Kirche)

Calvin aus dem Englischen übernommen, zu lateinisch »calvus« = kahlköpfig

Cameron geht auf den Familiennamen einer der großen schottischen Clans in den Highlands zurück (zu gälisch »cam shron« = gekrümmte Nase).

Camill Variante von Camillus

Camillo italienische Form von Camillus

Camillus (lateinisch) in Deutschland vor allem seit Beginn des 19. Jahrhunderts verbreiteter Vorname lateinischen Ursprungs. Camillus war der Beiname des altrömischen Geschlechts der Furii.

Can (türkisch) Seele, Leben

Candido italienische Form von Candidus

Candidus (lateinisch) blendend weiß, fleckenlos, heiter, rein, lauter, ehrlich

Carel andere Schreibweise von Karel

Carl Schreibvariante von Carl, die auch im Englischen gebräuchlich ist.

Carlito (spanisch) Verniedlichungsform von Carlos

Carlo italienische Variante von Karl

Carlos spanische Variante von Karl (freier Mann)

Carmelo (spanisch) männliche Form von Carmela, einer Nebenform von Carmen

Carol geht auf die latinisierte Form von Karl zurück; auch rumänisch und englisch.

Carsten niederdeutsche Variante von Christian

Carter ursprünglich ein englischer Familienname, der auf eine Berufsbezeichnung für den Fuhrmann zurückgeht.

Cary ursprünglich ein englischer Familienname, der auf den gleichlautenden Ortsnamen zurückgeht.

Cäsar, Cesar (lateinisch) andere Schreibweise von Caesar

Casey (irisch) wachsam; auch als Mädchenname verwendet

Casimir Variante von Kasimir, arabisch: Schatzmeister, slawisch: Friedensstifter

Caspar (persisch) Schatzbewahrer

Cassian (lateinisch) Weiterbildung zu Cassius; »der Beraubte«, »aus dem Geschlecht der Cassianer«

Cassius lateinischer Vorname, der auf einen altrömischen Geschlechternamen zurückgeht.

Castor Variante von Kastor

Cavin (irisch) »schön von Geburt«

Cavit (türkisch) »der ewig Lebende«

Cay andere Schreibweise von Kai

Cecil englische Form des altrömischen Geschlechternamens Caecilius

Cedric (keltisch) freundlich oder liebenswürdig *Cedrik*

Cees niederländische Kurzform von Cornelius

Celal türkische Form des arabischen Namens Djalal (Größe, Verehrung, Ruhm)

Celestino italienische und spanische Erweiterung von Cölestin

Cem (türkisch) Herrscher, König

Cemal türkische Form des arabischen Namens Djamal (Schönheit)

Cemil türkische Form des arabischen Namens Djamil (schön, hübsch)

Cengiz türkische Form des Namens von Dschingis Khan, des Gründers des Mongolischen Weltreichs

César französische Form von Cäsar

Cesare italienische Form von Cäsar

Chandan (Sanskrit) Sandelholz

Chander aus Indien stammender Vorname, Nebenform zu Chandra

Chandra (Sanskrit) Mond

Chandrakant (Sanskrit) »der vom Mond Geliebte«

Charles englische und französische Variante von Karl *Charly, Charlie*

Charly englische Kurz- und Koseform von Charles

Chester (englisch) »jemand aus der Stadt Chester«

Chinua (nigerianisch) in der Ibo-Sprache »Gottes Segen«

Chlodwig »der berühmte Kämpfer«

Chris Kurzform von Namen, die mit dem Namensbestandteil »Chris« beginnen

Christel als männlicher Name eher im süddeutschen Raum und in Österreich gebräuchliche Koseform von Christian

Christfried in der Zeit des Pietismus (17./18. Jhdt.) gebildeter Name aus »Christ« und dem alten Namensbestandteil »fried« von ahd. »fridu« = Schutz vor Waffengewalt, Friede.

Christhard im 20. Jhdt. gebildeter Name aus »Christ« und dem alten Namensbestandteil »hart« von ahd. »harti, herti« = hart, kräftig, stark.

Christian (lateinisch/griechisch) »der Gesalbte« oder »Anhänger Christi«

Christmar im 20. Jhdt. gebildeter Name aus »Christ« und dem alten Namensbestandteil »mar« von ahd. »mari« = bekannt, berühmt, angesehen

Christof andere Schreibvariante von Christoph

Christoffer älter Form von Christoph oder Schreibvariante von engl. Christopher

Christoph (griechisch) Christusträger, Christus tragend *Christof, Christoffer*

Christophe französische Variante von Christoph

Christopher englische Variante von Christophorus

Christophorus (griechisch) »Christus im Herzen tragend«

Christos (griechisch) »der Gesalbte«. Christos ist der Ursprung von Christus, dem Beinamen des Jesus von Nazareth

Claas niederdeutsche Kurzfom von Nikolaus *Clas*

Clark (mittelenglisch) Geistlicher, Gelehrter, Schreiber

Clas Variante von Claas bzw. Klas

Claude französische Form von Claudius

Claudio italienische und spanische Variante von Claudius

Claudius (lateinisch) »der aus dem Geschlecht der Claudier«

Claus Variante von Klaus

Clemens (lateinisch) »der Milde« oder »der Gnädige«

Clifford geht auf einen englischen Familiennamen (zum Ortsnamen Clifford) zurück.

Clint (englisch) Kurzform von Clinton

Clinton (englisch) ursprünglich englischer Familenname, der auf einen Ortsnamen in England zurückgeht.

Clive ursprünglich englischer Familienname, der auf einen Örtlichkeitsnamen zurückgeht (altengl. »clif« = Klippe, Felsen, steiler Abhang).

Cole geht auf den mittelalterlichen Namen Cola (»schwarz wie Kohle«) zurück; gelegentlich auch als Kurzform von Nicholas gebraucht.

Colin englische Kurzform von Nicholas

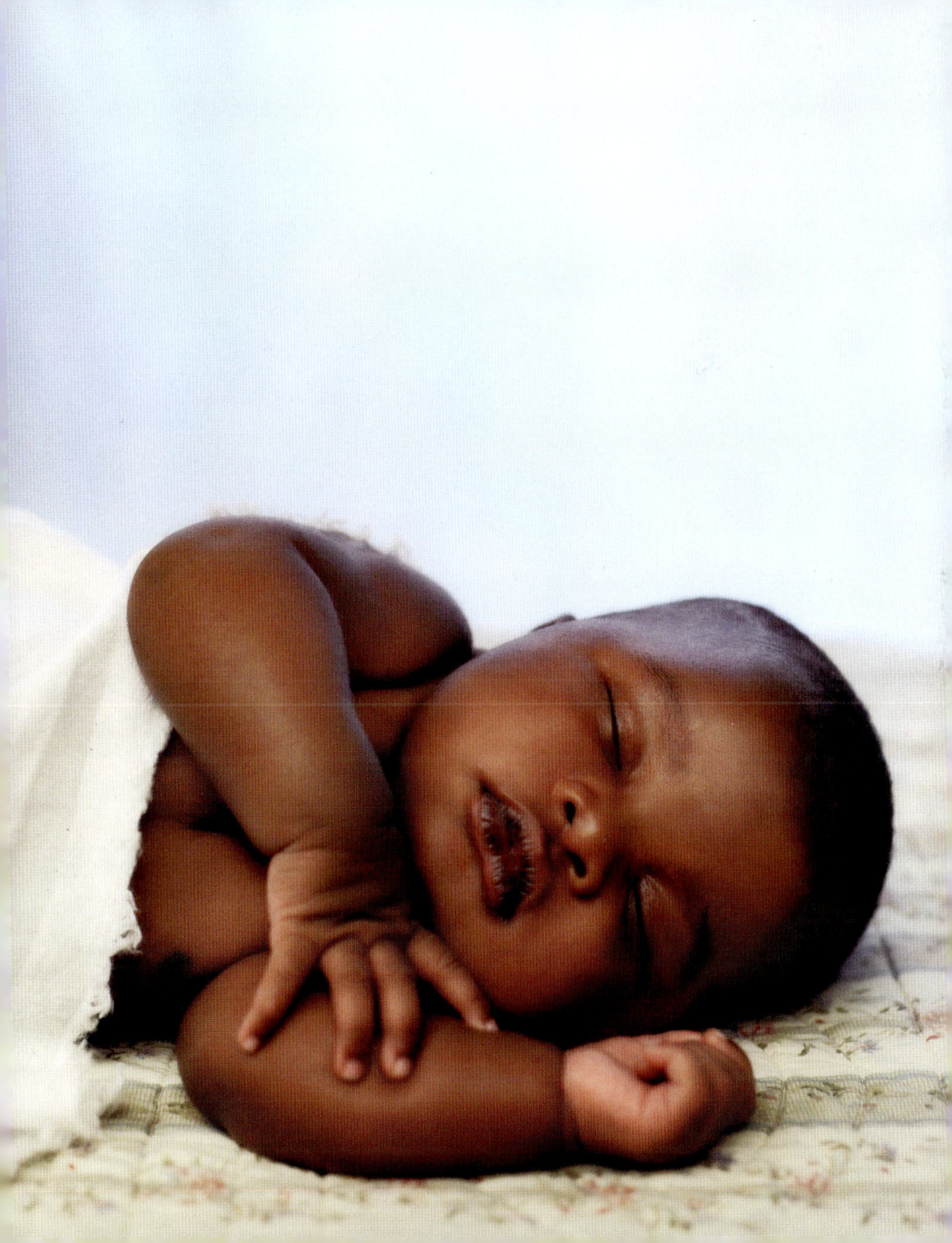

Columban (gälisch) »der Einsiedler«

Conner eingedeutschte Schreibweise von Connor

Connor irischer Vorname keltischer Herkunft (starker Wille)

Conny Kurzform von Cornelius, aber auch Koseform von Conrad

Conrad (altdeutsch) kühner Ratgeber

Constantin (lateinisch) Variante von Konstantin; standhaft

Corbinian (lateinisch) Rabe

Cord norddeutsche Variante von Kurt

Corentin französische Form des bretonischen Namens Kaourantin, Bedeutung umstritten

Cornelius (lateinisch) »der aus dem Geschlecht der Cornelier«

Cornell mittelalterliche Variante von Cornelius

Corvin eingedeutschte Variante von Corvinus

Corvinus (lateinisch) kleiner Rabe

Cosimo aus dem Italienischen übernommener Vorname griechischen Ursprungs (ordentlich, sittlich oder ruhig)

Cosmas (griechisch) geschmückt, wohl geordnet

Cosmo Variante von Cosimo

Craig geht zurück auf einen schottischen Familiennamen (Felsenspitze, Klippe)

Crispin (lateinisch) kraushaarig

Curd Variante von Kurt

Curt Variante von Curd

Cyrill (griechisch) »der zum Herrn Gehörende«

Cyrus die latinisierte Form des Vornamens mit persischem Ursprung geht zurück auf den persischen König Kyros, den Gründer des altpersischen Weltreichs (6. Jhdt. v. Chr.).

Daan niederländische Kurzform von Daniel

Dadvar (persisch) gerecht, Richter

Dagobert (altdeutsch) »dago« = gut/»beraht« = glänzend

Dale aus dem Englischen übernommener Vorname, ursprünglich ein Familienname, der einen Talbewohner bezeichnet (zu engl. »dale« = Tal)

Damian lateinischer Name griechischen Ursprungs, von »damios« = Volk; Name eines Märtyrers *Damon*

Damien französische Form von Damian

Damodar (Sanskrit) »der ein Seil um den Leib hat«, der Name bezieht sich auf ein Ereignis im Leben des jungen Krischna.

Damon englische Variante von Damian

Dan (biblisch, hebräisch) »er (Gott) hat gerichtet«

Danesch (persisch) Wissen

Daniel (hebräisch) »Gott ist mein Richter«

Danilo serbische, kroatische, bulgarische und makedonische Form von Daniel

Dankmar (althochdeutsch) »thank« = Denken, Gedanke/»mar« = bekannt, berühmt

Dankward (althochdeutsch) »thank« = Denken, Gedanke, Erinnerung + »wart« = Hüter, Schützer

Dano bulgarische Koseform von Daniel

Dante italienischer Vorname; alte Kurzform vom spätlateinischen mittelalterlichen Wunschnamen Durante, vom Partizip Präsens von »durare« = ausdauern, aushalten, auch im christlichen Sinn »ausdauernd im Glauben«.

Darian (urslawisch) serbische, kroatische, slowenische Ableitung von Božidar (»von Gott gegeben«)

Dario italienische Variante von Darius

Darius (persisch) »Besitzer des Guten« *Dario*

Darko tschechische, bulgarische, serbische, kroatische und makedonische Koseform von Darius

Darnell ursprünglich ein englischer Familienname, der eine Grasart (englisch »darnel«) bezeichnet, vor allem von afroamerikanischen Eltern vergeben.

Darrell (englisch) ursprünglich ein normannischer Adelsname, der die Herkunft aus Airelle (Calvados) bezeichnet.

Darren Vorname angloamerikanischer

Herkunft, der vielleicht aus einem Familienname gebildet wurde.

Darvin der deutschen Aussprache angepaßte Schreibvariante von Darwin

Darwin ursprünglich ein englischer Familienname, der vor allem durch Charles Darwin bekannt wurde, geht zurück auf altengl. »deor« = lieb + »wine« = Freund

Dave englische Kurzform von David

David (hebräisch) »der Geliebte«

Davis ursprünglich ein aus David entstandener Familienname

Dayaram (Sanskrit) »wie Rama mitleidig«

Dean vom altenglischen »denu« = Tal

Degenhard (althochdeutsch) »thegan«, degan« = junger Held, Krieger + »harti, herti« = hart, kräftig, stark

Deinhard jüngere Form von Degenhard *Denhart*

Delano geht zurück auf den französischen Familiennamen Delanoe, Delanoue (feuchte Wiese, sumpfige Stelle)

Delf Kurzform von Detlef

Demetrius (griechisch) »Sohn der Göttin Demeter«

Demian Vorname nach der russischen und ukrainischen Form Demjan von Damian

Demir (türkisch) Eisen

Denis Variante von Dennis

Deniz (türkisch) Meer. Diesen Namen trug einer der Söhne des legendären Herrschers Oghuz Khan.

Dennis englische Form des griechischen Namens Dionysus

Denny (englisch) Kurzform von Dennis

Derek niederdeutsche, durch Zusammenziehung entstandene Kurzform von Dietrich

Derk niederdeutsche Kurzform von Dietrich

Desiderius (lateinisch) »der Erwünschte«

Desmond (englisch) ursprünglich irischer Familienname, der auf die Herkunft aus Süd-Munster (gälisch = »Deas-Mhumhan«) hinwies.

Dethard niederdeutsche Form von Diethard

Detlef verkürzte Form des altdeutschen Namens Dietleib, »diot« = Volk/»leib« = Sohn

Detlef niederdeutsche Formen von Dietleib (Volk und Erbe) *Delf*

Detlev Variante von Detlef

Devin ursprünglich ein englischer Familienname, dem ein Übername für einen vortrefflichen Menschen (zu mittelengl. »devin« = göttlich, himmlisch zugrundeliegt.

Devon ursprünglich englischer Familienname, der auf die Herkunft aus der Grafschaft Devon im Südwesten Englands hinweist.

Dexter ursprünglich englischer Familienname nach dem Beruf der Färberin (galt seit dem Mittelenglischen für beide Geschlechter)

Dian verkürzte Form von Gordian

Dick englische Koseform von Richard

Didier französische Form von Desiderius

Diego (spanisch) die Auffassung, der Name habe sich aus »Sant Jago« (= Jakob) durch falsche Abtrennung des »t« entwickelt, ist umstritten. Stattdessen geht man inzwischen von einem keltischen Ursprung aus (»di« = besonders + »daco/dago« = gut).

Dierk niederdeutsch-friesische Kurzform von Dietrich

Dietbert (althochdeutsch) »thiot/diot« = Volk + »beraht« = glänzend

Dietbold (althochdeutsch) »diot« = Volk/»bald« = kühn

Dieter (althochdeutsch) moderne Schreibweise des alten deutschen Namens Diether, »diot« = Volk/»heri« = Heer *Diether*

Dietfried (althochdeutsch) »thiot/diot« = Volk + »fridu« = Schutz vor Waffengewalt, Friede

Diethard (althochdeutsch) »thiod« = Volk/«harti« = hart, kräftig, stark

Dietmar (althochdeutsch) »diot« = Volk/»mar« = berühmt *Ditmar, Dittmar*

Dietmut (althochdeutsch) »diot« = Volk/»muot« = von edlem Sinn

Dietrich (althochdeutsch) »diot« = Volk/»rihhi« = Herrschaft, Herrscher

Dietwald (althochdeutsch) »thiod, diot« = Volk/»walt« = walten, herrschen

Dietwolf (althochdeutsch) »thiod, diot« = Volk/»wolf« = Wolf *Dietwulf, Dietholf, Dietlof*

Dillon Variante von Dylan

Dimitri russische Variante von Demetrius

Dimitrios neugriechische Form von altgriechisch Demetrius

Dimo Kurzform von Namen, die mit dem Namensbestandteil »Diet-« beginnen

Dinesch (Sanskrit) »Herr des Tages«

Dino italienische Kurzform von Namen, die mit dem Namensbestandteil »-dino« enden z.B. Bernardino

Dion Kurzform des griechischen Namens Dionysus (»der Fröhliche«)

Dionysus (griechisch) »der Fröhliche«

Dirk niederdeutsche Kurzform von Dietrich *Dierk, Derk, Derek*

Dittmar Nebenform zu Dietmar

Djalal (arabisch) Größe, Verehrung, Ruhm

Djamal (arabisch) Schönheit

Djamil (arabisch) schön, hübsch

Dobo in Kenia und Tansania vorkommender Name, der auf Suaheli »klein« bedeutet.

Doerk niederdeutsche Kurzform von Dietrich

Dolf Kurzform von Namen, die auf »-dolf« ausgehen, besonders Rudolf, Adolf

Domenic Kurzform von Domenico

Domenico italienische Variante von Dominicus

Domenik deutsche Schreibweise von Domenic

Domingo spanische Variante von Dominikus

Dominicus (lateinisch) »der zu Gott Gehörende« *Dominikus, Domenik, Domenic*

Dominikus eingedeutschte Variante von Dominicus

Dominique französische Variante von Dominikus

Donald (keltisch) »der Weltbeherrscher«

Donat Variante von Donatus

Donato italienische Form von Donatus

Donatus (lateinisch) »der von Gott Geschenkte«

Dor (neuhebräisch) Generation, Geschlecht

Dorian (englisch) Dorier

Dorkas (griechisch) Reh, Gazelle

Doron (griechisch) Geschenk

Douglas englischer Name mit keltischer Herkunft (dunkles Wasser)

Duncan (keltisch) englische Schreibweise des keltischen Namens »Donnchadh« = brauner Krieger

Duran (türkisch) bleiben; »einer, der bleibt«. Der Name soll den Wunsch ausdrücken, daß das Kind am Leben bleibt.

Dustin englischer Vorname, der auf einen Familiennamen unklarer Herkunft zurückgeht.

Dwayne ursprünglich Variante des englischen Familiennamens Duane, der sich wiederum von dem irischen Beinamen Dubhán ableitet (dunkel, schwarz).

Dwight dem ursprünglichen englischen Familiennamen liegt wahrscheinlich Diot, eine Koseform von Dionysius zugrunde.

Dylan (walisisch) See *Dillon*

Dylano Erweiterung des walisischen Namens Dylan

Earl (englisch) Vorname, der entweder aus einem Spitznamen zu engl. »earl« = Graf oder aus einem Familiennamen, der auf dienstliche oder sonstige Beziehungen zu einem Grafen hinwies, gebildet wurde.

Ebbo (althochdeutsch) verselbstständigte Kurzform von Namen, die mit »Eber-« gebildet wurden; z.B. Eberhard.

Eberfried (althochdeutsch) »ebur« = Eber/»friu« = Friede

Eberhard (althochdeutsch) »ebur« = Eber/»harti« = Hart *Eberhardt*

Eberwin (althochdeutsch) »ebur« = Eber/»wini« = Freund

Eckard Variante von Eckehard, Eckehart

Eckart Variante von Eckard

Eckbert Variante von Egbert

Eckehard (althochdeutsch) »der mit dem harten Schwert«

Eckehart (althochdeutsch) Variante von Eckehard

Ed englische Kurzform von Edward, Eduard

Eddie andere Schreibvariante von Eddy

Eddy englische Koseform von Edward

Edelbert (althochdeutsch) neuere Variante von Adalbert

Edelhard (althochdeutsch) Nebenform von Adelhard

Eden (biblisch, hebräisch) »nach dem Namen des Paradieses benannt«

Edgar (altenglisch) »ead« = Glück, Reichtum/»gar« = Speer

Edison (altenglisch) ursprünglich englischer Familienname, gebildet aus »ead« = Glück, Reichtum und der Endung -son

Edmond französische Variante von Edmund

Edmund (altenglisch) »ead« = Glück, Reichtum/»mund« = Schutz

Edmund (altenglisch) englisch (Besitz, Reichtum/Schutz); französisch Edmond

Edouard französische Variante von Eduard

Eduard (französisch) »Schützer des Eigentums«

Edvard schwedische und norwegische Form von Edward

Edward englische Variante von Eduard (Behüter des Eigentums)

Edwin (althochdeutsch) »ead« = Glück, Reichtum/»wini« = Freund

Edzard ursprünglich friesische Form von Eckehard

Efraim Variante von Ephraim

Egbert (altdeutsch) »der mit dem glänzenden Schwert« *Eckbert*

Eginhard (altdeutsch) »ekka« = Schwertspitze/«harti« = hart, kräftig

Egino Kurzform von Eginhard

Egmont niederdeutsche und niederländische Form von Egmund

Egmund jüngere Form von Agimund, gebildet aus ahdt. »ekka« = Schwertschneide, Spitze + ahdt. »munt« = Schutz, Schützer

Egolf (althochdeutsch) jüngere Form von Agilolf

Egon seit dem ausgehenden Mittelalter gebräuchliche Nebenform von Egino

Ehlert (althochdeutsch) Nebenform von Adelhard und Eilhart

Ehrenfried (althochdeutsch) um 1600 aufgekommener Vorname, der eher eine Neubildung mit »Ehre« und dem Namensbestandteil »-fried« als eine Umbildung des alten deutschen Namens Erenfrit.

Ehrenreich (althochdeutsch) um 1600 aufgekommener Vorname, eher eine Neubildung im Sinne von »reich an Ehre« als eine Umbildung des alten deutschen Namens Ernreich.

Ehrhard Variante von Erhard

Eick Variante von Eike oder Eindeutschung des englischen Namens Ike

Eike niederdeutsche Kurzform von Eckehard, Eckard, Egbert

Eiko Variante von Eike

Eilert durch Zusammenziehung entstandene niederdeutsch-friesische Form von Eilhard.

Eilhard alter deutscher Vorname, jüngere Form von Agilhard (ahd. »ekka« = Schwertspitze/»harti, herti« = hart, kräftig, stark.

Eilke verselbstständigte niederdeutsche Koseform von Namen, die mit »Eil-« gebildet sind.

Einar (altisländisch) »der alleine kämpft«

Einhard (altdeutsch) »ekka« = Schwertspitze/»harti« = hart

Eirik norwegische Form von Erik

Eitel das deutsche Wort »eitel«, das

heute oft im Sinne von eingebildet, selbstgefällig verwendet wird, bedeutete früher auch noch rein, unverfälscht, lediglich, bloß, nur. Dem entsprach die Bedeutung des Namens, als er im 13./14. Jhdt. auftauchte.

Ekke Kurzform von Namen, die mit »Ek-«, »Eck-« oder »Eg-« beginnen.

Ekkehard Variante von Eckehard

Ekkehart Variante von Eckehart

Elard durch Zusammenziehung entstandene Variante von Eilhard.

Eldert Variante von Eildert

Elger (althochdeutsch) jüngere Form von Adalger

Elgo verselbstständigte Kurzform von Zusammenziehungen mit »Eil-« (Eilhard), »El-« (Elger) oder männliche Form von Elga

Elian aus dem Französischen übernommener Vorname, der auf den Beinamen Aelianus, eine Ableitung des römischen Geschlechternamens Aelius zurückgeht.

Eliano italienische Form von Elian

Elias (biblisch, hebräisch) »mein Gott ist Jahwe (= Jehowa)«

Élie französische Form von Elias

Elimar Nebenform von Elmar

Elio italienische oder spanische Form des römischen Geschlechternamens Aelius

Eliot aus dem Englischen übernommener Vorname, ursprünglich ein Familienname, der wiederum auf eine altfranzösische Koseform von Elias zurückgeht.

Elis schwedische Variante von Elias

Elischa (biblisch, hebräisch) »Gott hat geholfen«

Elisha englische Form von Elischa

Eljakim (biblisch, hebräisch) »Gott wird aufrichten«

Elko niederdeutsch-friesische Koseform von Namen, die mit »Adel-« oder mit »Agil-«/»Egil-« beginnen.

Elliot (englisch) Variante von Eliot

Ellis Kurzform von Elias

Elmar (altdeutsch) »berühmtes Schwert«

Elmer Variante von Elmar

Elmo Kurzform von Elmar

Elrich jüngere Form von Adalrich

Elroy Variante von Leroy, vorwiegend von afroamerikanischen Eltern vergeben

Elso friesische Koseform von Namen, die mit »El-« beginnen oder männliche Bildung zu Elsa

Elvis amerikanischer Name, dessen Bedeutung und Herkunft ungeklärt sind

Elwin andere Form von Alwin

Emanuel lateinisch-griechische Schreibweise von Immanuel (»Gott ist mit uns«)

Emanuele italienische Variante von Emanuel

Emerich andere Schreibvariante von Emmerich

Emerson Variante von Emmerich, ursprünglich englischer Familienname (»Sohn des Emery«)

Emery englische Form von Emmerich

Emil (lateinisch) »der aus dem Geschlecht der Aemilier Stammende«

Emile französische Variante von Emil

Emiliano spanische Variante von Emil

Emilio italienische Variante von Emil

Emmanuel Nebenform von Emanuel, auch französisch

Emmeram lateinisch-romanische Form des westfränkischen Namens Ermenhram

Emmerich (altdeutsch) mächtig

Emmo verselbstständigte Kurzform von Namen, die mit »Em-« oder »Erm-« beginnen.

Emre (türkisch) Geliebter, Freund

Endre ungarische Form von Andreas

Endres Nebenform von Andreas

Endrik Variante von Hendrik

Eneas Schreibvariante von Aeneas

Engbert Nebenform von Engelbert

Engelbert (altdeutsch) »glänzend wie ein Engel«

Engelhard alter deutscher Vorname, bestehend aus dem Stammesnamen der Angeln, die von Schleswig aus England besiedelten und im zweiten Teil aus ahd. »harti, herti« = hart

Engin (türkisch) weit, endlos; im Sinne von »unendliche Weite, offenes Meer«

Ennio italienische Form des römischen Geschlechternamens Ennius

Enno Kurzform von Namen, die mit dem Namensbestandteil »Ein« beginnen.

Enrico italienische Variante von Heinrich

Enrique spanische Form von Heinrich

Enzo italienische Form von Heinz oder Heinrich

Ephraim (hebräisch) doppelt fruchtbar

Erardo italienische und spanische Form von Erhard

Erasmus (griechisch) »der Liebenswerte«

Erdmann seit dem 15. Jahrhundert belegter deutscher Vorname als Koseform von Erdmar oder Umbildung von Hermann.

Erdmar (althochdeutsch) alter deutscher Vorname (»erda« = Erde + »mari« = bekannt, berühmt, angesehen)

Eren (türkisch) wohltätiger Mann

Erfried Variante von Ehrenfried

Erhard (altdeutsch) »era« = Ehre/»harti« = hart, kräftig

Erhart Variante von Erhard

Eric englische Variante von Erich

Erich (skandinawisch) »der allein Mächtige«

Erik dänische Variante von Erich

Erin englische Form von gälisch Éirinn, Dativ von Éire (Irland)

Erk friesische Form von Erik

Erkan (türkisch) zusammengesetzt aus »er-« = Mann + »kann« = Blut

Erkmar jüngere Form von Erkenmar (ahd. »erchan« = fest, vornehm, hervorragend + »mari« = bekannt, berühmt, angesehen)

Erko Kurzform von Namen, die mit »Erk-« beginnen (z.B. Erkmar)

Erland (althochdeutsch) fremdländisch, ausländisch; seit dem Mittelalter auch in Skandinavien gebräuchlich.

Ermanno italienische Form von Hermann

Ermenegildo (altdeutsch) »ermana« = allumfassend, groß/»gelt« = Entgelt, Lohn, Opfer.

Ermin verselbstständigte Kurzform von Namen, die mit »Ermen-«, germanisch »ermana, irmina« = allumfassend, groß gebildet wurden.

Ernest englische und französische Variante von Ernst

Erno Kurzform von Ernst

Ernst (altdeutsch) Ernst, Beharrlichkeit, Entschlossenheit

Erol (türkisch) »sei ein Mann«

Eros Name des Gottes der Liebe in der altgriechischen Mythologie

Errol Name geht auf einen schottischen Familiennamen zurück, dem ein Ortsname zugrundeliegt.

Erwin (altdeutsch) »heri« = Heer/ »wini« = Freund

Esra (biblisch, hebräisch) aus der Bibel übernommener Vorname, Kurzform von Asarja (»Jahwe hat geholfen«). Nach der Bibel war Esra ein Schriftgelehrter, der als Bevollmächtigter des persischen Königs Artaxerxes nach Jerusalem ging und dem Gesetz Moses wieder seine ursprüngliche Geltung verschaffte.

Esteban spanische Form von Stephan

Ethan (biblisch, hebräisch) aus der Bibel übernommener Vorname hebräischen Ursprungs. Ethan war der Name eines Weisen mit dem Beinamen der Esrahiter.

Etienne französische Variante von Stefan, Stephan

Ettore italienische Form von Hektor

Etzel (althochdeutsch) alter deutscher Name, Koseform von Namen, die mit »Adal-« gebildet sind oder hochdeutsche Form des Hunnenkönigs Attila.

Eugen (griechisch) »der Wohlgeborene«

Eugene englische Form von Eugen

Eugène französische Variante von Eugen

Eusebius (griechisch/lateinisch) »der Fromme«, »der Gottesfürchtige«

Eustachius (griechisch/lateinisch) wohlgebaut

Evan englische Schreibweise von Iefan, einer walisischen Form von Johannes

Evangelist (griechisch) Verkünder des Evangeliums, Prediger

Everhard niederdeutsche Form von Eberhard

Evert durch Zusammenziehung entstandene Form von Everhard

Ewald (altdeutsch) »der nach dem Gesetz Waltende«

Eyck Nebenform von Eike *Eyk; Eycke, Eyke, Eyko*

Ezra (hebräisch) ältere Form von Esra, auch englisch

Fabian (lateinisch) »der aus dem Geschlecht der Fabier Stammende«

Fabien französische Variante von Fabian

Fabio italienische Variante von Fabian

Fabrice französische Form von Fabrizio

Fabrizio der italienische Vorname geht auf den altrömischen Geschlechternamen Fabricius zurück.

Fadh (arabisch) Panther, Leopard

Fadi (arabisch) Erlöser, erlösen

Fadil (arabisch) sich auszeichnen, hervorragen

Fadl (arabisch) Variante von Fadil

Fahim (arabisch) »jemand, der sehr klug und gebildet ist«, verstehen

Faisal (arabisch) Richter, auch scharfes Schwert

Faiz (arabisch) Sieger, erringen, siegen

Falk Variante von Falko

Falko, Falco (althochdeutsch) alter deutscher Name, der schon im frühen Mittelalter verbreitet war; der Falke oder der (West)fale; Kurzform Falk.

Farid (arabisch) einzigartig, einmalig sein; türkische Form: Ferit

Farnad (persisch) Kraft, Stärke

Farnam (persisch) ruhmreicher Name

Farrel englische Form des irischen Familiennamens Ó Fearghail (tapferer Mann)

Faruk (arabisch) unterscheiden, trennen; jemand, der fähig ist, zwischen-Recht und Unrecht, Wahrheit und Lüge zu unterscheiden.

Federico spanische und italienische Form von Friedrich

Fedor, Feodor, Fjodor russische Formen von Theodor (Geschenk Gottes)

Feike friesische Lall- und Koseform von Namen, die mit »Fried-« gebildet sind.

Felice italienische Form von Felix

Felipe spanische Variante von Philipp

Felippo italienische Variante von Philipp
Filippo

Felix (lateinisch) »der Glückliche«

Felizian (lateinisch) Weiterbildung von Felix

Femke Kurzform von Fredemar

Feodor Variante von Fedor

Ferdi Kurzform von Ferdinand

Ferdinand aus dem Spanischen übernommener Name germanischen Ursprungs. Der Name gelangte mit den Westgoten nach Spanien und ist erst seit dem 17. Jahrhundert in Deutschland anzutreffen als Variante des spanischen Fernando (kühner Beschützer)

Ferenc ungarische Form von Franz

Ferit türkische Form von Farid

Fernand französische Variante von Ferdinand

Fernando spanische Variante von Ferdinand

Ferran katalanische Form von Ferdinand

Ferrante italienische Variante von Ferdinand

Ferris aus dem Englischen übernommener Vorname, ursprünglich ein normannischer Familienname, der auf den französischen Ortsnamen Ferrières zurückgeht.

Ferry niederländische Koseform von Ferdinand

Fidel (lateinisch) treu, zuverlässig

Fidelis (lateinisch) »der Treue« *Fidelio*

Fiete niederdeutsche Kurzform von Namen, die mit »Fried-« gebildet sind

Filibert alter deutscher Vorname, ahd. »filu« = viel, groß + »beraht« = glänzend *Philibert*

Filippo italienische Variante von Philipp

Finbar (gälisch) englische Form des irischen Namens Fionnb(h)arr; »fionn« = weiß, hell, blond + »harr« = Haupt

Fingal (gälisch) englische Form des schottischen Namens Fionnghall; »fionn« = weiß, hell, blond + »gall« = Fremder; ursprünglich ein Beiname für nordische Siedler

Finian andere Form von Finnian

Finlay englische Form des schottischen Namens Fionnlagh; »fionn« = weiß, hell, blond + »laogh« = Krieger, Held

Finn schwedisch (»der Finne«), auch irisch (weiss, hell, blond)

Finnian (gälisch) englische Form des irischen Namens Finnén, gälisch »fionn« = weiß, hell, blond

Fionn (irisch) (weiß, blond)

Firmin (lateinisch) »standhaft im Glauben«

Fitzgerald ursprünglich normannischer Familienname, »Sohn des Gerald«

Fjodor russische Variante von Theodor

Flavio italienische Variante von Flavius (gelb, blond)

Flavius (lateinisch) »aus der Familie der Flavier« lat. »flavus« = feuergelb

Flemming norwegisch und dänisch (Flame); schwedisch Fleming

Florens (lateinisch) »der Hochangesehene« oder »der Blühende«

Florent französische Form von Florens

Florentin geht auf den römischen Beinamen Florentinus, eine Weiterbildung von Florens zurück.

Florenz Variante von Florens

Florestan geht zurück auf eine südfranzösische Bildung zu lateinisch »florere« = blühen, »florescere« = aufblühen.

Flori Koseform von Florian

Florian (lateinisch) »der Prächtige« oder »der Blühende«

Florin Variante von Florian

Floris (lateinisch) »der in hohem Ansehen Stehende«

Floyd englische Variante vom walisischen »Lloyd«, die daraus entstand, daß Nichtwalisisch-Sprecher Probleme hatten, das doppelte Ll auszusprechen.

Flurin rätoromanische Form von Florin

Flynn (gälisch) »Nachkomme des rothaarigen Mannes«

Focke friesische Kurzform von Namen, die mit »Volk-« gebildet sind.

Folbert Variante von Volbert

Folke Kurzform von Namen, die mit »Volk-« gebildet sind.

Fortunat (lateinisch) beglückt, gesegnet, glücklich

Francesco (italienisch) »der Franke«

Francis englische Variante von Franz

Franciskus (lateinisch) zum Stamme der Franken gehörend; Franziskus ist die deutsche Schreibweise.

Franco italienische Variante von Frank *Francesco*

Francois französische Variante von Franz

Franjo kroatische, serbische und slowenische Kurzform von Franciskus

Frank (altdeutsch) »der Franke«

Franko eindeutschende Schreibweise von Franco

Frans niederländische Variante von Franz

Franz deutsche Kurzform von Franziskus

Franziskus latinisierte Form des italienischen Namens Francesco

Fraser aus dem Englischen übernommener Vorname, ursprünglich schottischer Familienname normannischer Herkunft

Fred, Freddy Kurzformen von z. B. Alfred, Manfred oder Frederik

Fredemar Nebenform von Friedemar

Frédéric französische Variante von Friedrich

Frederico italienische Variante von Friedrich

Frederico portugiesische Form von Friedrich

Frederik niederdeutsche Variante von Friedrich

Fredo Kurzform von Friedrich und Alfred; Ableitung des lateinischen Wortes Fredus = Friedensgeld. Die Römer bezeichneten so den Brauch der Germanen, im Falle einer rechtlichen Auseinandersetzung Friedensgeld zu zahlen, um den Rechtsfrieden wiederherzustellen.

Fredrich niederdeutsche Form von Friedrich

Freimund »der freie Schützer der Unmündigen«

Freimut Neubildung aus »Frei« und dem Namensbestandteil »mut« (altdeutsch, »muot« = von edlem Sinne)

Frerich durch Zusammenziehung entstandene niederdeutsch-friesische Kurzform von Frederich.

Fridebert Variante von Friedbert

Frider andere Form von Frieder

Fridolin (altdeutsch) kleiner Friedrich

Fridtjof (nordisch) andere Schreibweise zu Frithjof.

Fried Frieden; Kurzform von Friedrich und anderen Namen mit »Fried-«

Friedbert (althochdeutsch) »fridu« = friede/»beraht« = glänzend

Friedebald (althochdeutsch) von ahd. »fridu« = Friede + »bald« = kühn

Friedel Kurzform von Friedrich, Fridolin, Elfriede

Friedemann (althochdeutsch) »fridu« = Friede/»mann« = Mann

Friedemar (althochdeutsch) »fridu« = friede/»mari« = berühmt

Friedewald (althochdeutsch) von ahd. »fridu« = Friede und »waltan« = walten, herrschen

Friedhelm (althochdeutsch) zusammengesetzt aud Friedrich und Wilhelm

Friedlieb (althochdeutsch) »der den Frieden liebt« oder »Erbe des Friedens«

Friedmar (althochdeutsch) Nebenform von Friedemar

Friedmund (althochdeutsch) von ahd. »fridu« = Friede und »munt« = Schutz (der Unmündigen).

Friedo Kurzform von Namen, die aus »Fried-« und anderen Teilen zusammengesetzt sind wie z.B. Friedemann.

Friedolf (althochdeutsch) ahd. »fridu« = Schutz vor Waffengewalt, Friede + ahd. »wolf« = Wolf

Friedrich (altdeutsch) »fridu« = Friede/»rihhi« = Herrscher

Friso abgeleitet vom Stammesnamen der Friesen, »der Friese«

Frithjof (nordisch) »frith, frid« = Schutz/»jof« = Räuber, Dieb *Fritjof*

Fritz, Frieder, Frerk Kurzformen von Friedrich

Frohart (althochdeutsch) Neubildung aus »froh« und »hart« oder Umdeutung des alten deutschen Vornamens Frothart; ahd. »frot« = klug, weise, erfahren + »harti, herti« = hart, kräftig, stark

Frohmund (althochdeutsch) Umdeutung des alten deutschen Vornamens Fromund im Sinne von »der kluge/weise Schützer der Unmündigen«

Frohmut (neuhochdeutsch) Neubildung in Anlehnung an neuhochdeutsch »froher Mut«

Frohwald (althochdeutsch) »der kluge/weise Herrscher« von ahd. »frot, fruot« = klug, weise und »waltan« = walten/herrschen

Frohwin (althochdeutsch) der kluge, weise Freund

Frowin (althochdeutsch) andere Schreibweise zu Frohwin

Fuad (arabisch) Herz, Gedanke, Verstand, Seele

Fürchtegott in der Zeit des Pietismus (17./18. Jhdt.) gebildeter Vorname in Anlehnung an den griechischen Namen Timotheus

Fulvio italienische Form des altrömischen Geschlechternamens Fulvius (zu lat. »fulvus« = rotblond)

Fumio (japanisch) »fumi« = Buch, Schrift, Kultur + »o« = Mann

Fynn (nordisch) der Finne

Fynnjard (nordisch) »Fynn« = der Finne /«hjardt« = hart, stark, kräftig

Gábor ungarische Form von Gabriel

Gabriel (hebräisch) »Mann Gottes«

Gad (biblisch) Herkunft wahrscheinlich von hebr. »gdd« = abschneiden; nach der Bibel war Gad der Ahnherr des gleichnamigen Stammes, einer der Söhne Jakobs.

Gaetano italienische Form von Kajetan (aus der Stadt Gaeta stammend)

Gajus (lateinisch) lateinisch, Bedeutung leider unbekannt

Gallus (lateinisch) »der Gallier«; der heilige Gallus, ein irischer Mönch, gründete im 7. Jhdt. eine Klause, aus der später das Kloster St. Gallen erwuchs.

Galt (friesisch) durch Zusammenziehung entstandene Form des friesischen Namens Galtet (germanisch »gaila« = lustig, lüstern + altfriesisch »tet, tat« = zart, anmutig)

Gandolf (altdeutsch) Nebenform des häufigeren Namens Gangolf

Ganesch (Sanskrit) Herr der Menge. Ganescha, der älteste Sohn Schivas, wird u.a. als Gott der Weisheit verehrt.

Gangolf (altdeutsch) entwickelt aus der Umkehrung der Silben von Wolfgang

Garai aus Zimbabwe stammender Name; steht in der Schona-Sprache für »ruhig«.

Gard niederdeutsche Kurzform von Gerhard

Gareth (keltisch) englischer Vorname keltischen Ursprungs. Gareth ist der Name eines Ritters in der Artussage.

Garlef niederdeutsche und friesische Form des heute nicht mehr gebräuchlichen Namens Gerleib.

Garlieb Nebenform von Garlef bzw. Umdeutung dieses Vornamens im Sinne von »ganz/sehr lieb«.

Garret angloamerikanische Variante von Garrit

Garrit niederdeutsche/friesische Kurzform von Gerhard

Garry Nebenform von Gary

Garwin niederdeutsche Form von Gerwin

Gary (amerikanisch) Kurzform von Garret

Gaspar spanische Form von Kaspar

Gaspard französische Form von Kaspar

Gaston (französisch) wahrscheinlich altfranzösische Koseform zu ahd. »gast« = Gast, Fremder

Gaudenz (lateinisch) »sich freuend«

Gautam (Sanskrit) »Nachkomme des Gotama«

Gauthier französische Variante von Walter

Gavin (altirisch) »anmutig von Geburt an«

Gaylord englischer Vorname, der auf einen Familiennamen unklarer Herkunft zurückgeht (munter, kühn, lustig, fidel).

Gebbert niederdeutsche Form von Gebhard

Gebhard (altdeutsch) »geba« = Gabe/»harti« = hart, kräftig

Gedeon Variante von Gideon

Gennadi (russisch) edel, von edler Geburt

Geo Kurzform von Georg

Georg (griechisch) Landmann oder Bauer

George englische Variante von Georg

Gerald (altdeutsch) »der mit dem Schwert herrscht«

Geralf (althochdeutsch) gebildet aus »ger« = Speer + »alf« = Elfe, Naturgeist

Gérard französische Form von Gerhard

Gerardo italienische und spanische Form von Gerhard

Gèraud französische Variante von Gerald

Gerbert (althochdeutsch) gebildet aus »ger« = Speer und »beraht« = glänzend

Gerd Kurzform von Gerhard
Gert, Gerdt

Gerfried (althochdeutsch) gebildet aus »ger« = Speer und »fridu« = Schutz vor Waffengewalt, Friede

Gerhard (althochdeutsch) »ger« = Speer/»harti« = hart, kräftig

Gerhart (althochdeutsch) Variante von Gerhard

Gerhold Nebenform von Gerold in Anlehnung an das Adjektiv »hold«

Gerit Variante von Gerrit

Germain französische Form von German

German (lateinisch) »der Germane«. Geht zurück auf den altdeutschen Worbestandteil »ermana« = allumfassend, gross

Germar (althochdeutsch) gebildet aus »ger« = Speer und »beraht« = glänzend

Germo Kurzform von Germar

Germund (althochdeutsch) gebildet aus »ger« = Speer und »munt« = Schutz, Schützer

Gernand (althochdeutsch) gebildet aus »ger« = Speer und »nand« = kühn, wagemutig

Gernot (altdeutsch) »ger« = Speer/»not« = Gefahr

Gero Kurzform von deutschen Namen, die mit »Ger« beginnen

Gerold Variante von Gerald

Gerolf (althochdeutsch) gebildet aus »ger« = Speer und »wolf« = Wolf

Geronimo italienische Form von Hieronymus

Gerrit friesische Variante von Gerhard

Gerry (englisch) Kurzform von Gerald

Gertfried Neubildung aus Gert und dem Namensbestandteil -fried, ahd. »fridu« = Schutz vor Waffengewalt, Friede

Gerthold Neubildung aus »Gert« und dem Eigenschaftswort »hold«

Gerulf (althochdeutsch) »ger« = Speer/»wulf« = Wolf

Gerwig (althochdeutsch) gebildet aus »ger« = Speer und »wig« = Kampf, Krieg

Gerwin (althochdeutsch) »ger« = Speer/»wini« = Freund

Gesinus männliche Bildung zu Gesa mit der lateinischen Endung »-inus«

Géza ungarischer Vorname türkischer Herkunft. Géza war ursprünglich Ehrentitel der ungarischen Herrscher aus der Dynastie der Arpaden.

Giacomo italienische Variante von Jakob

Gian rätoromanische Kurzform von Johannes

Gibeon andere Form von Givon

Gideon (hebräisch) »der mit der gebrochenen Hand«

Gido deutsche und niederländische Schreibvariante von Guido

Giesbert andere Form von Gisbert

Gil südwestfranzösische und spanische Kurzform von Ägidius

Gilbert Variante von Gisbert

Gildo italienische Kurzform von Ermenegildo

Gillian aus dem Englischen kommender Name als Nebenform des gälischen Gillean (»Diener des heiligen Johannes«)

Gilmar jüngere Form von Geselmar (Gismar)

Gino Koseform von italienischen Namen, die auf »-gi« enden wie z.B. Luigi

Gioacchino italienische Form von Joachim

Giovanni italienische Variante von Johannes

Giraldo italienische Variante von Gerald

Gisbert (althochdeutsch) jüngere Form von Giselbert *Giselbert*

Giselbert (althochdeutsch) »gisal« = Geisel, Bürge, Unterpfand/»beraht« = glänzend

Giselher (althochdeutsch) »gisil« = aus edlem Geschlecht/»heri« = Heer

Gismar (althochdeutsch) jüngere Form von Giselmar (»gisal« = Geisel, Bürge, Unterpfand/»mari« = bekannt, berühmt, angesehen

Giuseppe italienische Variante von Joseph

Givon (neuhebräisch) Hügel

Glenn englischer Vorname, der auf

einen vom gälischen »gleann« = Tal abgeleiteten Familiennamen zurückgeht. *Glen*

Gobind Variante von Govinda

Godehard niederdeutsche Form von Gotthard

Godwin Variante von Gottwin

Gody Kurzform von Namen, die mit »Gode-« (ahd. für Gott) beginnen.

Goeke Variante von Göke

Goerd Variante von Görd

Göke ostfriesische Kurzform von Namen, die mit dem Namensbestandteil »Gott-« beginnen

Golo Kurzform von Namen, die mit dem Namensbestandteil »Gott« beginnen

Gonzalo spanischer Vorname, der in mittelalterlichen Quellen als Gundisalvus, Gondisaluus, Gunsaluus überliefert ist. Der erste Namensbestandteil entspricht dem althochdeutschen »gund« = Kampf, der zweite Teil ist bislang ungeklärt.

Gopal (indisch) einer der Beinamen von Krischna, zusammengesetzt aus Sanskrit »go« = Kuh, Rind und »pala« = Beschützer, Kuhhirte.

Goran bulgarische, serbische und kroatische Ableitung von Gregor

Göran schwedische Form von Georg

Gorch niederdeutsche Form von Georg

Görd ostfriesische Kurzform von Gotthard

Gordian (lateinisch) »der aus Gordion Stammende«

Gordon englische Herkunft. War ursprünglich der Familienname eines alten schottischen Adelsgeschlechts.

Goren (neuhebräisch) Tenne, Scheune, Zeit des Getreidedreschens

Gorka baskische Form von Gregor

Gosbert alter deutscher Name, gebildet aus germanisch »gauta« = Gote und ahd. »beraht« = glänzend

Goswin (altdeutsch) »Freund des Boten«

Gotam (Sanskrit) der beste, kräftigste Ochse

Gottbert (althochdeutsch) gebildet aus »got« = Gott und »beraht« = glänzend

Gottfried (altdeutsch) »got« = Gott/»fridu« = Friede

Gotthard (altdeutsch) »got« = Gott/»harti« = hart

Gotthelf in der Zeit des Pietismus (17./18. Jhdt.) gebildeter Vorname mit wörtlicher Bedeutung.

Gotthold in der Zeit des Pietismus (17./18. Jhdt.) neu gebildeter Vorname in Anlehnung an das Adjektiv »hold«.

Gottlieb in der Zeit des Pietismus (17./18. Jhdt.) aufgekommene Übersetzung von Amadeus.

Gottlob in der Zeit des Pietismus (17./18. Jhdt.) gebildeter Vorname mit wörtlicher Bedeutung.

Gottmar (althochdeutsch) gebildet aus »got« = Gott und »mari« = bekannt, berühmt, angesehen

Gottwald gebildet aus »got« = Gott und »waltan« = walten, herrschen

Gottwin (altdeutsch) »got« = Gott/»wini« = Freund

Götz Kurzform von Namen, die mit dem Namensbestandteil »Gott« beginnen. *Goetz*

Govinda aus Indien stammender Vorname (sanskrit »go« = Kuh, Rind + »vinda« = findend, »der die Kühe findet«, einer der Beinamen von Krischna)

Gowon (nigerianisch) in der Tiv-Sprache »der Regenmacher«

Goyo spanische Koseform von Gregorio

Graham ursprünglich ein schottischer Familienname, der auf einen Ortsnamen zurückgeht.

Greg (englisch) Kurzform von Gegory

Gregor geht zurück auf Gregorius, einen spätrömischen Beinamen griechischer Herkunft (wachen, wachsam sein).

Gregorio spanische und italienische Form von Gregor

Grischa russische Koseform von Gregor

Gualtiere italienische Variante von Walther

Gülkan (türkisch) zusammengesetzt aus »gül« = Rose und »kan« = Blut

Günay (türkisch) Sonne und Mond

Günter Variante von Günther

Günther (altdeutsch) »gund« = Kampf/»heri« = Heer

Guglielmo italienische Variante von Wilhelm

Guido italienische Variante von Witold, Wido (Holz, Wald)

Guillaume französische Variante von Wilhelm

Guillermo spanische Variante von Wilhelm

Gunar in den nordischen Sprachen nicht gebräuchliche Schreibvariante von Gunnar

Gunder dänische Nebenform von Gunnar

Gundhard (althochdeutsch) zusammengesetzt aus »gund« = Kampf und »harti, herti« = hart, kräftig, stark. *Gunthart*

Gundolf (altdeutsch) »gund« = Kampf/»wolf« = Wolf

Gundram (althochdeutsch) zusammengesetzt aus »gund« = Kampf und »hraban« = Rabe. *Guntram*

Gunnar nordische Variante von Günther; Gunar ist eine Schreibvariante von Gunnar, die aber in den nordischen Ländern nicht üblich ist.

Guntbert (althochdeutsch) zusammengesetzt aus »gund« = Kampf und »beraht« = glänzend

Gunter Variante von Günther

Guntfried (althochdeutsch) zusammengesetzt aus »gund« = Kampf und »fridu« = Schutz vor Waffengewalt, Friede

Gunther Variante von Gunter

Guntmar (althochdeutsch) zusammengesetzt aus »gund« = Kampf und »mari« = bekannt, berühmt, angesehen

Guntram (altdeutsch) »gund« = Kampf/»hraban« = Rabe

Guntwin gebildet aus »gund« = Kampf und »wini« = Freund

Gus englische Kurzform von Angus, Augustus; deutsche Kurzform von Gustav

Gustaf, Gustav (schwedisch) »Stütze der Goten«; französisch Gustave; italienisch Gustavo; Kurzform Gustel

Gustel Kurzform von August, Gustav

Guy französische Form von Guido

Gyula ungarische Form von Julius

Haakon aus dem Nordischen übernommener Vorname zu germanisch »hanha« = Ross und »konr« = Nachkomme, Sohn. *Hakon*

Habakuk aus der Bibel übernommener Vorname (akkadische Bezeichnung für eine Gartenpflanze)

Habbo verselbstständigte friesische Kurzform von Namen wie Hadbert, Hadbod (ahd. »hadu« = Kampf)

Habib (arabisch) lieben

Hadar (hebräisch) Ruhm, Glanz, Schönheit

Hademar (altdeutsch) berühmter/angesehener Kämpfer

Hademar (althochdeutsch) gebildet aus »hadu« = Kampf und »mari« = bekannt, berühmt, angesehen

Haden Nebenform von Hayden

Hadi (arabisch) »zum wahren Glauben führen«

Hadmar andere Form von Hademar

Hadrian Variante zu Adrian

Hadwin (althochdeutsch) gebildet aus »hadu« = Kampf und »wini« = Freund

Hafis (arabisch) Ehrentitel für jemanden, der den Koran auswendig kann

Hagen (altdeutsch) »Umgehegter Platz«

Haidar (arabisch) Löwe

Hajo Kurzform von Hans-Joachim oder Hans-Josef; auch friesische Variante von Hagen

Hakan (türkisch) Herrscher

Hakim (arabisch) »ein Urteil fällen«

Hal englische Kurzform von Harry

Haldor gebildet aus altnordisch »hallr« = Stein und dem Namen des Donnergottes Thor.

Halldor (nordisch) andere Schreibweise von Haldor

Hamid (arabisch) verkürzte Form von Abdulhamid (»Diener Gottes, des Gepriesenen«)

Hamilton (englisch) ursprünglich ein Familienname nach dem gleichlautenden Ortsnamen in Leicestershire

Hamit türkische Form von Hamid

Hamza (arabisch) stark, standhaft sein oder werden

Han niederländische Kurzform von Johann

Hanan (biblisch, hebräisch) »Gott ist gnädig«

Hanjo Kurzform von Hans-Joachim oder Hans-Josef

Hanke niederdeutsch-friesische Koseform von Johannes

Hannes Kurzform von Johannes, auch finnisch

Hanno Kurzform von Johannes

Hans häufigste Kurzform von Johannes *Hanns*

Harald (nordisch) »der im Heer herrschende«

Harbert niederdeutsch-friesische Koseform von Herbert

Hardi Koseform von Namen, die mit »Hart-« oder »-hard« gebildet werden.

Hardo Kurzform von Namen mit dem Namensbestandteil »Hard«

Hari (indisch) abgeleitet von Sanskrit »hari« = braun, gelb. Gemeint sind die Pferde Indras, aber auch Indra selbst sowie Wischnu und Krischna

Harinder (indisch) abgeleitet von sanskrit »hari« als Name Wischnus und »indra« = Name des Gottes Indra.

Hark (althochdeutsch) verselbstständigte friesische Koseform von Namen, die mit »heri« = Kriegsschar, Heer gebildet sind.

Harley ursprünglich ein englischer Familienname, der sich von einem gleichlautenden Ortsnamen ableitet.

Harm niederdeutsch-friesische Kurzform von Harmen

Harmen friesische Variante von Hermann

Harold englische Entsprechung von Herold

Harris ursprünglicher englischer Familienname mit der Bedeutung »Sohn des Harry«.

Harro friesische Kurzform von Harmen und Harbert

Harry deutsche Variante von Henry (= Heinrich)

Hartfried (althochdeutsch) gebildet aus »harti« = hart, kräftig, stark und »fridu« = Schutzvor Waffengewalt, Friede

Hartlieb (althochdeutsch) gebildet aus »harti« = hart, kräftig, stark und »liob« = lieb, teuer

Hartmann (althochdeutsch) gebildet aus »harti« = hart, kräftig, stark und »man« = Mann, Mensch

Hartmut (altdeutsch) »harti« = hart, kräftig/»muot« = von edlem Sinne *Hartmuth*

Hartwig (altdeutsch) »harti« = hart, »kräftig/»wig« = Krieg

Harun arabischer Vorname, der dem biblischen Namen Aaron entspricht

Harvey aus dem Englischen kommender Vorname (Hervé) bretonischen Ursprungs, der mit den normannischen Eroberern nach England kam.

Harwig niederdeutsche Form von Herwig

Hassan (arabisch) schön, gut. Auch Name eines Enkels des Propheten Mohammed.

Hasso (altdeutsch) »der Hesse«

Hatim (arabisch) entscheiden

Haug deutsche Nebenform von Hugo

Hauke friesische Koseform von Hugo

Hayden dem in den USA und Australien geläufigen Vornamen liegt ein Familienname zugrunde, der sich auf einen Ortsnamen (Haydon bzw. Heydon) bezieht.

Hector Schreibvariante von Hektor, auch englisch und französisch

Heiko friesische Kurzform von Heinrich

Heilmar (althochdeutsch) gebildet aus »heil« = gesund, unversehrt, heil und »mari« = bekannt, berühmt, angesehen

Heilwig (althochdeutsch) gebildet aus »heil« = gesund, unversehrt, heil und »wig« = Kampf, Krieg

Heinke niederdeutsche und friesische Kurzform von Heinrich

Heino Kurzform von Heinrich

Heinrich (altdeutsch) »hag« = Hof/»rik« = Herrscher

Heintje friesische und niederländische Koseform von Heinrich

Heinz Kurzform von Heinrich

Hektor, Hector (griechisch) »durch Kampf erwerben, an sich nehmen«

Helfrich (althochdeutsch) gebildet aus »helfa« = Hilfe, Beistand und »rihhi« = Herrschaft, Herrscher, Macht; reich, mächtig, hoch

Helfried (althochdeutsch) jüngere Form von Helmfried oder Heilfried, gebildet aus »heil« = gesund, unversehrt, heil und »fridu« = Schutz vor Waffengewalt, Friede

Helgar (nordisch) Neubildung in Anlehnung an Helge oder Helga

Helge (nordisch) »der Heilige«

Helgo Nebenform von Helge

Helmar (althochdeutsch) andere Form zu Heilmar

Helmbrecht (althochdeutsch) gebildet aus »helm« = Helm und »beraht« = glänzend

Helmfried (althochdeutsch) gebildet aus »helm« = Helm und »fridu« = vor Waffengewalt schützen, Friede

Helmolt (altdeutsch) gebildet aus »helm« = Helm/»walt« = walten, herrschen

Helmut (altdeutsch) »helm« = Helm/»muot« = von edlem Sinne

Helmuth Variante von Helmut

Helwin (althochdeutsch) gebildet aus »heil« = gesund, unversehrt, heil und »wini« = Freund

Hendrik nordische Variante von Heinrich

Hendrix Variante von Hendrik

Henk friesische und niederländische Koseform von Hendrik

Henner Kurzform von Heinrich

Hennes Kurzform von Johannes

Henning niederdeutsche Variante von Heinrich

Henno Kurzform von Heinrich oder Johannes

Henri französische Variante von Heinrich

Henrik niederdeutsche und schwedische Variante von Heinrich

Henry englische Variante von Heinrich; deutsche Varianten Harri, Harry

Henryk polnische Form von Heinrich

Herbert (altdeutsch) »heri« = Heer/»beraht« = glänzend

Hergen Kurzform von Herdegen (junger Held)

Heribert Variante von Herbert

Herm Kurzform von Hermann

Hermann (altdeutsch) »heri« = Heer/»man« = Mann *Herman, Herrmann*

Hermes aus der griechischen Mythologie übernommener Vornamen Hermes war der Sohn des Zeus und der Bote der Götter des Olymp.

Hero ostfriesische Kurzform von Namen, die mit »Her-« gebildet sind

Herwig (altdeutsch) »heri« = Heer/»wig« = Krieg

Hesekiel von Martin Luther eingeführte Form des Namens Ezechiel

Hieronymus (griechisch) »der mit dem heiligen Namen«

Hilarius (lateinisch) »der Heitere«

Hildebrand (althochdeutsch) gebildet aus »hiltja« = Kampf und »brant« = Brand (eine dichterische Umschreibung für das Schwert)

Hildemar (altdeutsch) »hilta« = »Kampf, Kämpfer/mar« = berühmt

Hilmar moderne Variante von Hildemar

Hiob aus der Bibel übernommener Name hebräischen Ursprungs (»wo ist mein Vater (Gott)«).

Holger dänisch isländischen Ursprungs, »holmi« = Insel/»geirr« = Speer

Holk friesische Koseform von älteren Namen, die mit »Hold-« bzw. »Huld-« gebildet sind (gnädig, günstig, dienstbar, treu)

Holly Koseform von Namen, die mit »Ho-« beginnen

Holm (nordisch) »der von der Insel«

Honoré französische Form des lateinischen Namens Honoratus (geehrt, geachtet, angesehen)

Horatius geht auf einen altrömischen Geschlechternamen zurück.

Horst (altdeutsch) »der aus dem Gehölz«

Hubert (altdeutsch) »der im Denken Glänzende« *Hubertus*

Hugh englische Form von Hugo

Hugo (altdeutsch) »hugu« = Geist, Sinn, Verstand

Humbert (altdeutsch) erste Silbe könnte sich aus »Hühne« entwickelt haben, die Zweite steht für »beraht« = glänzend

Hunno Kurzform von Namen, die mit »Hun-« gebildet sind

Hunold stammt wahrscheinlich von germanisch »hun« =Tier, besonders Bärenjunges und ahd. »waltan« = walten, herrschen

Hussein (arabisch) Verkleinerungsform von »hasan« = schön, gut

Hyazinth (griechisch) Bedeutung ist nicht eindeutig bestimmt. Bekannt ist Hyazinth als Heiligenname und als Name einer griechischen Sagengestalt. Hyazinth, der Liebling Apolls, wurde versehentlich von einem Diskus getötet, aus seinem Blut entsprang die Hyazinthe.

Ian schottische Form von John

Ibo Nebenform von Ivo

Ibrahim arabische Variante von Abraham

Idan (neuhebräisch) Zeitalter, Epoche

Iddo verselbstständigte Kurzform von heute nicht mehr gebräuchlichen Vornamen, die mit »Id-« gebildet werden. Daneben auch von biblischer Herkunft (»Jahwe ist wohltätig«).

Ignacio spanische Form von Ignatius

Ignatius (lateinisch) Feuer

Ignaz Variante von Ignatius

Igor russische Variante von Ingvar

Ike verselbstständigte friesische Kurzform unbekannten Ursprungs; außerdem englische Kurzform von Isaac

Ilja russische Variante von Elias

Ilko bulgarische Kurzform von Ilja

Ilmar estnische und schwedische Kurzform des finnischen Namens Ilmari (Luft)

Ilyas arabische und türkische Form von Elias

Imanuel andere Form von Immanuel

Immanuel (hebräisch) »Gott mit uns«

Imogen (keltisch) (Bedeutung unbekannt)

Imre ungarische Kurzform von Emmerich

Indra entstammt der indischen vestrischen Mythologie, Name des Gottes der Atmosphäre und des Himmels.

Ingar norwegische Neubildung aus den häufigen Namensbestandteilen »Ing-« und »ar«.

Ingbert (altdeutsch) »Ingwio« = Name eines germanischen Stammesgottes/»beraht« = glänzend

Ingbert (germanisch) nach Ingwio, einem germanischen Gott benannt

Ingemar andere Form von Ingmar

Ingmar schwedische Variante von Ingomar; alter deutscher Name, abgeleitet von einer germanischen Gottheit und dem althochdeutschen Wort für »berühmt«

Ingo (germanisch) »ingo« = Gott, Kurzform von Namen, die mit dem Namensbestandteil »Ing« beginnen

Ingobert alter deutscher Name, abgeleitet von einer germanischen Gottheit und dem althochdeutschen Wort für »glänzend«

Ingolf (altdeutsch) »ing[wio]« = germanische Gottheit/»wolf« = Wolf *Ingulf*

Ingomar (germanisch) »ingo« = Gott/»mari« = berühmt

Ingvar (germanisch) »ingo« = Gott/»war« = Hüter

Inko männliche Bildung zu Inke

Innozenz (lateinisch) geht auf einen römischen Beinamen (»innocens« = unschuldig) zurück.

Irenäus (griechisch) Friede

Irvin angelsächsische Variante von Irminwin

Isaac, Isaak (biblisch) heiter, lachend

Isidor (griechisch) »Geschenk der Göttin Isis«

Ismet (türkisch) Reinheit, Freiheit von Sünde

Istvan ungarische Variante von Stephan

István ungarische Form von Stephan

Italo (italienisch) »der Italiener«

Ivan Variante von Iwan

Ivano italienische Form von Iwan

Ivo (altdeutsch) Eibe

Iwan russische Variante von Johannes (»hat Gnade erwiesen«)

Jack englische Kurzform von Jakob

Jacob Variante von Jakob

Jacques französische Variante von Jakob

Jaden Variante von Jadon

Jadon (hebräisch) »Gott hat gehört«

Jael aus der Bibel übernommener Vorname hebräischen Ursprungs (Steinbock oder Bergziege), auch als weiblicher Vorname gebräuchlich.

Jago italienische verkürzte Form von Jakob

Jahn niederdeutsche, friesische, niederländische, schwedische, polnische und tschechische Form von Johannes *Jan*

Jaime spanische Variante von Jakob

Jakim bulgarische, makedonische, weißrussische Form von Joachim

Jakob (hebräisch) »Gott möge beschützen«

Jakov russische Variante von Jakob; Kurzform Jascha

James englische Variante von Jakob; Kurzformen Jim, Jimmy

Jamie schottische Koseform von James

Jan niederdeutsche und slawische Kurzform von Johannes

Janek polnische und tschechische Koseform von Jan

Janik slowenische oder eingedeutschte tschechische Form von Jan, ebenso Schreibvariante von Jannick

Janis (hebräisch) »Gottes gnädiges Geschenk«

Janko ungarische Form von Jan

Janne schwedische Variante von Johannes

Jannes friesische Kurzform von Johannes

Jannik dänische Koseform von Jan

Jannis Variante von Jannes

Janos ungarische Variante von Johannes

Janosch eingedeutschte Schreibvariante von Janos

Janus latinisierte Form von Jan, auch niederländische Kurzform von Adrianus

Jarek Koseform von Jaromir, Jaroslaw

Jarl (skandinavisch) feiner Mann

Jarmo finnische Kurzform von Jeremias, aus dem Hebräischen (»Gott (Jehova) möge erhöhen«)

Jarne zur Zeit häufiger Babyname in Belgien, in Deutschland selten

Jarno finnische Version von Jeremia, und d.h. in etwa »Gott erhebt«

Jaromir (slawisch) »jar« = kühn, stark, zornig, streng/»mir« = Frieden

Jaron slawische Variante von Aaron

Jaroslaw (slawisch) »jar« = kühn, stark, zornig, streng/»slava« = Ruhm, Ehre; Kurzform Jesko

Jascha russische Kurzform von Jakov

Jason (hebräisch) »der Heilende«

Jasper niederdeutsche Variante von Kasper

Jean französische Variante von Johannes

Jeff englische Kurzform von Jeffrey

Jeffrey englische Form von Gottfried; Kurzform Jeff

Jenö ungarische Variante von Eugen

Jens dänische Variante von Johannes

Jeremia (biblisch) (Jahwe erhöht); griechisch Jeremias

Jeremias (hebräisch) »Gott erhöht«; finnische Kurzform Jarno

Jeremy englische Form von Jeremia; deutsche Schreibvariante Jeremie;

Jérôme französische Variante von Hieronymus

Jeschua (hebräisch) »der Herr ist Heil« oder »der Herr ist Rettung«

Jesko Kurzform von Jaroslaw

Jesus griechisch-lateinische Form des hebräischen Jeschua

Jim englische Kurzform von James (Jakob)

Jiri eingedeutschte Schreibweise der tschechischen Form von Georg

Jivan, Jeevan indische männliche Vornamen (Leben)

Joachim (hebräisch) »Den Gott aufrichtet«

Joakim nordische Variante von Joachim

Jobst Kurz- und Koseform von Justus

Jochem Kurzform von Joachim

Jochen Kurzform von Joachim

Jodokus (keltisch) »jud« = Herr

Joe englische Kurzform von Joseph

Joel (hebräisch) »Jahwe ist Gott«

Johan niederländische Kurzform von Johannes

Johanan (biblisch) »der Herr ist gnädig«

Johann Kurzform von Johannes

Johannes (hebräisch) »Gott ist gnädig«

John niederdeutsche Kurzform von Johann und englische Kurzform von Johannes; Koseform Johnny

Johnny englische Koseform von John

Jona Variante von Jonas

Jonas (hebräisch) Taube

Jonathan (hebräisch) »Gott hat gegeben«

Jöran, Joeran schwedische Form von Georg

Jorck dänische Variante von Georg

Jordan (altdeutsch) Erde oder kühn

Jorg Kurzform von Georg

Jörg Kurzform von Georg

Jorge spanische Form von Georg

Jörn, Jürg Kurzformen von Jürgen/Georg

Joscha ungarische Koseform von Josef *Joschka*

Joschka eingedeutschte Schreibweise des ungarischen Jóska

José spanische Variante von Joseph

Josef Variante von Joseph

Joseph (hebräisch) »Gott möge vermehren«

Joshua englische Form von Josua

Josias (hebräisch) »Gott heilt, unterstützt«

Jost Kurz- und Koseform von Justus

Josua (hebräisch) »Gott ist Rettung«

Juan spanische Variante von Johannes

Jürg Kurzform von Jürgen

Jürgen niederdeutsche Variante von Georg

Juli rätoromanischer Jungenname

Julian Variante von Julius

Julien französische Form von Julian

Julio spanische Form von Julius

Julius (lateinisch) »der aus dem Geschlecht der Julier«

Jupp Kurzform von Joseph

Jurek aus dem Polnischen übernommene Koseform von Jerzy

Juri russische Variante von Georg

Juris baltische Form von Georg

Justin Variante von Justus

Justus (lateinisch) »der Gerechte«; Kurzformen Jost, Joost, Jobst

Kai kindersprachliche Kurzform von Gerhard, auch hawaiianisch: Meer

Kajo im 20. Jhdt. Aufgekommene Erweiterung von Kai oder Neubildung aus Kai und Josef

Kajus Variante von Gajus

Kaleb aus der Bibel übernommener Name hebräischen Ursprungs, wohl Kurzform eines mit dem Element »kalb-« = Hund beginnenden Namens, wobei Hund entweder zur Selbsterniedrigung des Namensträgers dienen konnte oder im Sinne von »treuer Diener« oder auch als »hundswütig« verstanden wurde.

Kamal (Sanskrit) hellrot; auch Bezeichnung für eine Lotusart.

Kani (Suaheli) Kraft, Stärke

Kannan südindische Form von Krischna

Karel tschechische und niederländische Form von Karl

Karim (arabisch) großzügig

Karl (altdeutsch) freier Mann

Karlheinz zusammengesetzt aus Karl und Heinz

Karlo eingedeutschte Schreibweise von Karl

Karol polnische Form von Karl, auch Schreibvariante von Carol

Karsten niederdeutsche Variante von Christian

Kasimir (slawisch) Friedensstifter

Kaspar (persisch) Schatzbewahrer

Kassim (arabisch) schön, anmutig

Kastor (griechisch) Biber

Kay Variante von Kai

Kazuo japanischer Vorname, gebildet aus »kazu« = Frieden und »o« = Mann

Keanu (hawaiianisch) kühle Brise

Keith englischer Vorname, der auf einen schottischen Orts- und Familiennamen zurückgeht

Kelvin geht auf den Namen eines schottischen Flusses zurück

Kemal (türkisch) Vollkommenheit

Ken Kurzform von Kenneth

Kenan aus der Bibel übernommener Vorname hebräischen Ursprungs (»kleiner Schmied)

Kendrick wahrscheinlich altschottisch (Königlicher Anführer)

Kenneth aus dem Englischen übernommener Vorname keltischen Ursprungs. Entweder von »cinead« = aus Feuer geboren oder von »coinneach« = hübsch

Kenny (englisch) Koseform von Kenneth

Keno friesische Form von Kuno

Kent aus dem Englischen übernommener Vorname, geht ursprünglich auf einen Familiennamen zurück, der jemanden bezeichnet, der aus der Grafschaft Kent stammt.

Kerim türkische Form von Karim

Kerry (keltisch) »der Finstere«. Auch als weiblicher Vorname üblich

Kerst verkürzte Form von Kersten

Kersten niederdeutsche Form von Christian

Kerwin (keltisch) »der Dunkelhaarige«

Kester schottische Variante von Christopher

Kevin (altirisch) »anmutig von Geburt an«

Khalid (arabisch) »ein langes Leben genießen«

Khalil (arabisch) enger Freund

Kian (irisch) alt, anhaltend, fortdauernd

Kieran englische Form des irischen Namens Ciarán (abgeleitet von gälisch »ciar« = schwarz).

Kilian (keltisch) »Mann der Kirche«

Kim Kurzform von Joachim

Kimball (keltisch) (Kriegs-)Anführer

Kimi finnische Kurzform von Joachim

Kiran (Sanskrit) Sonnen-, Mondstrahl

Kirk schottischer/englischer Vorname, ursprünglich ein Familienname, der auf den Wohnsitz bei einer Kirche hinweist

Kirsten Variante von Christian

Klaas, Kolja (lateinisch) niederdeutsche/russische Kurzform von Nikolaus

Klaudius andere Form von Claudius

Klaus seit dem späten Mittelalter gebräuchliche Form von Nikolaus, auch oft als Bestandteil von Doppelformen wie z.B. Klausdieter.

Klemens (lateinisch) Variante von Clemens; (mild, sanft, gnädig)

Knud (nordisch) dänische Variante von Knut

Knut (altdeutsch) »knuz« = waghalsig, vermessen, keck

Knuth seltene deutsche Schreibweise von Knud

Kofi aus Ghana stammender Vorname, der in der Akan-Sprache »geboren an einem Freitag« bedeutet.

Kolin deutsche Schreibvariante von Colin

Kolja russische Koseform von Nikolaus

Kolomann deutsche Variante von Columban

Kong (chinesisch) ruhmreich

Konrad (altdeutsch) kühner Ratgeber; Kurzform Kord

Konstantin (lateinisch) »der Standhafte«

Korbinian Variante von Corbinian

Kornelius (lateinisch) Variante von Cornelius (aus dem Geschlecht der Cornelier)

Kosmas (griechisch) geschmückt oder wohl geordnet

Kosta russische, serbische und kroatische Koseform von Konstantin

Kóstas neugriechische Koseform von Konstantin

Krischan niederdeutsche Form von Christian

Krishna indischer Vorname (»der Dunkle«, »der Blauschwarze«). Der Name geht auf den mythischen indischen Helden Krischna zurück, der als achte Erscheinung des Gottes Wischnu gilt. In der Kunst wird Krishna immer mit dunkelblauer Hautfarbe dargestellt. *Krischna*

Krispin Variante von Crispin

Kristian schwedische Variante von Christian

Krystian polnische Form von Christian

Krzysztof polnische Form von Christoph

Kumar (Sanskrit) Junge, Sohn

Kunibald (althochdeutsch) gebildet aus »kunni« = Geschlecht, Sippe und »bald« = kühn

Kunibert (altdeutsch) »kunni« = Geschlecht/»beraht« = glänzend

Kuno verselbstständigte deutsche Kurzform von Konrad

Kunz veraltete deutsche Koseform von Konrad

Kurt (altdeutsch) hat sich wahrscheinlich aus Konrad entwickelt *Kurd, Kuno, Kunz*

Kuseni aus Südafrika stammender Vorname, der in der Zulu-Sprache »am Morgen geboren« bedeutet.

Kyrill Variante von Cyrill

Ladislaus lateinische Form des polnischen Namens Wladyslaw (Macht oder Herrschaft)

Lajos ungarische Form von Ludwig

Lal (Sanskrit) spielen, liebkosen

Lamar (englisch) verkürzte Form des Familiennamen Delamare, dem der häufige französische Ortsname La Mare (Teich, Tümpel, Lache) zugrundeliegt.

Lambert (altdeutsch) glänzendes Land

Lammert durch Zusammenziehung entstandene niederdeutsche Form von Lambert

Lampert Variante von Lambert

Lance englische Kurzform von altdeutschen Namen, die mit dem Namensbestandteil »Land-« beginnen *Lando*

Lancelot der Name geht auf den Ritter aus der Artussage zurück. Lancelot galt als Muster höfischer Tugenden.

Landelin Variante von Landolin

Landfried (altdeutsch) »lant« = Land/»fridu« = Friede

Lando Kurzform von Namen, die mit

dem Namensbestandteil »Land-« beginnen

Landolf (altdeutsch) »lant« = Land/»wolf« = Wolf

Landolin altdeutsche Koseform von Lando

Landolt (altdeutsch) »lant« = Land/»walt« = walten, herrschen

Landuin Variante von Landwin

Landulf Variante von Landolf

Landwin (altdeutsch) »lant« = Land/»wini« = Freund

Lane englischer Vorname, ursprünglich ein Familienname nach dem Wohnsitz an einem Weg oder einer Gasse.

Lapo Lallform von Jacopo (Jakob)

Larry englische Kurzform von Laurence

Lars nordische Variante von Laurentius

Laslo eingedeutschte Schreibweise des ungarischen Lázló

Lasse schwedische Koseform von Lars

Lauren engliche Kurzform von Laurence

Laurence Variante von Lawrence

Laurens schwedische Form von Laurentius

Laurentius (griechisch) Lorbeer oder Lorbeerstrauch; basiert auf einem römischen Beinamen (»aus der Stadt Laurentum stammend«) deutsch: Lorenz, Laurenz; französisch: Laurent; schwedisch Laurens; norwegisch Laurits; dänisch Lauritz, Laurids; italienisch Lorenzo; schweizerisch Loris; Kurzform Lenz; englisch Laurence, Lawrence, Laurence ist auch ein französischer weiblicher Vorname

Laurids dänische Variante von Laurits

Laurie englische Koseform von Laurence

Laurin Name des Zwergenkönigs in der Heldendichtung um Dietrich von Bern

Lawrence englische Variante von Laurentius

Lazarus (hebräisch) »Gott hilft«

Leander (griechisch) »Mann des Volkes«

Leandro italienische und spanische Form von Leander

Lee englischer Vorname, ursprünglich ein Familienname, dem ein Örtlichkeitsname (zu altengl. »leah« =Wald, Lichtung, Wiese) zugrunde liegt.

Leif (nordisch) Erbe, Hinterlassenschaft

Len englische Kurzform von Leonard

Lennart schwedische Variante von Leonhard

Lennie Variante von Lenny

Lenny englische Koseform von Leonard

Lenz Kurzform von Laurentius

Leo (lateinisch) Löwe

Lèo französische Variante von Leo

Leon Kurzform von Leonhard

Leonard Variante von Leonhard

Lèonard französische Variante von Leonhard

Leonardo italienische Variante von Leonhard

Leone italienische Variante von Leo

Leonhard (lateinisch) »leo« = Löwe/»harti« = hart, kräftig

Leonid (griechisch) »Sohn des Leon«

Leopold (altdeutsch) »luit« = Volk/»bald« = kühn *Luitpold*

Leroy (französisch) »der König«

Leslie stammt aus dem englischen/schottischen Sprachraum und war ursprünglich ein Nachname. Auch als weiblicher Vorname gebräuchlich.

Lester phonetische Schreibweise des englischen Orts- und Familiennamens Leicester

Leutfried (althochdeutsch) Nebenform von Luitfried

Levent (türkisch) »junger Held«

Levente (ungarisch) »der Seiende, Existierende«

Levi biblischer Name hebräischen Ursprungs. »lwh«= sich anschließen (Anhänger, Verehrer des Gottes). Sohn Jakobs und Leas.

Lewin, Levin (niederdeutsch) Freund

Lewis englische Variante von Ludwig

Lex Kurzform von Alexander oder Alexis, auch englisch

Liam irische Kurzform von William

Liang (chinesisch) gut

Liborius (lateinisch) »der Geweihte«

Lienhard oberdeutsche Nebenform von Leonhard

Lin französischer männlicher Vorname

Linford (englisch) ursprünglich ein Familienname nach den englischen Ortsnamen Linford, Lynford

Linnart andere Form von Lennart

Lino italienische Form von Linus oder Kurzform von Namen, die mit »-lino« enden.

Linus (griechisch) »der Klagende«, auch Kurzform von Paulinus

Lion englische Variante von Leo

Lionel englischer Vorname, der auf eine altfranzösische Koseform von Léon zurückgeht

Livio italienische Form von Livius (römischer Geschlechternamen)

Livius (lateinisch) war bei den Römern ein Geschlechtername

Lloyd englische Schreibweise eines ursprünglich walisischen Vor- und Familiennamens

Lorenz Kurzform von Laurentius

Lorenzo italienische Variante von Lorenz

Loris Schweizer Variante von Lorenzo

Lothar (altdeutsch) »hlut« = berühmt/ »heri« = Heer *Lotar, Lüdecke*

Louis französische Variante von Ludwig

Lovis niederdeutsche Variante von Louis

Lowis Variante von Lovis

Luc französische Variante von Lukas

Luca italienische Variante von Lukas

Lucas Variante von Lukas

Luciano italienische Form von Lucianus (Lucian)

Lucien französische Form von Lucianus

Lucius (lateinisch) »der Glänzende«

Ludger Variante von Luitger (Volk/Speer)

Lutger Varianten des altdeutschen Namens Luitger (Volk/Speer)

Ludo Kurzform von Namen, die mit »Lud-« gebildet werden wie z.B. Ludolf

Ludolf (altdeutsch) »luit« = Volk/»wolf« = Wolf

Ludwig (altdeutsch) »hlut« = berühmt/»wig« = Krieg; englisch Lewis; italienisch Luigi; französisch Louis; spanisch Luis; Koseform Lutz

Lüdecke Variante von Lothar

Lüder niederdeutsche Nebenform von Luither

Luigi italienische Variante von Ludwig

Luis spanische Variante von Ludwig

Luitger (altdeutsch) »luit« = Volk/»ger« = Speer

Luither (altdeutsch) »liut« = Volk/»heri« = Heer; niederdeutsch Lüder

Luka slawische Variante von Lukas

Lukas (lateinisch) »der aus Lucania Stammende«

Luke englische Form von Lukas

Lutger Variante von Luitger

Lutz Koseform von Ludwig

Luuk niederländische Form von Lukas

Luzius andere Schreibweise von Lucius (»der Lichte, der Glänzende« oder »der bei Tagesanbruch Geborene«)

Lyonel andere Schreibweise zu Lionel

Lysander (griechisch) »der Befreier«

Maarten niederdeutsch-friesische und niederländische Form von Martin

Mads dänische Kurzform von Matthias

Magnus (lateinisch) »der Große«

Mahavir (indisch) »großer Held«, Beiname der Götter Indra und Wischnu.

Mahdi Vorname arabischen Ursprungs, »der von Gott gut Geleitete«. Der Mahdi ist der von den Muslimen erwartete Welt- und Glaubenserneuerer

Mahendra indischer Vorname, gebildet aus Sanskrit »maha« = groß und dem Namen des Gottes Indra, also Bedeutung »großer Indra«.

Mahinder nordindische Form von Mahendra

Mahmut (türkisch) »der Lobenswerte«, »der Gepriesene«

Maik eingedeutschte Variante von Mike

Malachy englische Variante von Maleachi

Malcolm (gälisch) »maol colum« = Schüler des Columban

Maleachi (hebräisch) Kurier

Malik (arabisch) König

Malte dänischer Vorname altdeutschen Ursprungs, Kurzform von Helmolt

Manfred (altdeutsch) »man« = Mann/»fridu« = Friede

Manfredo italienische Variante von Manfred

Manolo, Manolito spanische Koseformen von Manuel

Manuel spanische Variante von Emanuel

Marc französische Variante von Markus

Marcel französische Variante von Marcellus

Marcello italienische Variante von Marcellus

Marcellus (lateinisch) Weiterbildung von Markus

Marco italienische und spanische Variante von Markus

Marcus Variante von Markus

Marek tschechische und polnische Variante von Markus

Marian Weiterbildung von Marius

Marijan serbisch, slowenische, kroatische Form von Marian

Marino italienische Form von Marin

Marinus (lateinisch) »der am Meer Wohnende«

Mario italienische Variante von Marius

Maris gelegentlich anzutrefende deutsche Variante vonMarian

Marius (lateinisch) »der aus dem Geschlecht der Marier«

Mark deutsche und englische Form von Markus

Marko eingedeutschte Variante von Marco

Markolf (althochdeutsch) gebildet aus »march« = Grenze und »wolf« = Wolf

Markus (lateinisch) »dem Mars (Römischer Kriegsgott) geweiht«

Markward (altdeutsch) Grenzhüter

Marley (englisch) ursprünglich ein Familiennamen nach dem gleichlautenden Ortsnamen

Marlin (englisch) Variante von Merlin

Marlon angloamerikanisch, geht auf eine altfranzösische Koseform von Marc zurück

Marlow (englisch) ursprünglich ein Familienname nach dem gleichlautenden Ortsnamen

Marnin (neuhebräisch) erfreuend, erfreulich

Marno italienische Neubildung zum Gedenken an die Marne-Schlachten im Ersten Weltkrieg.

Marshall englischer Vorname normannischer Herkunft (Pferdeknecht, Hufschmied)

Marten niederländische Variante von Martin

Martial (lateinisch) »zu Mars gehörig«

Martin (lateinisch) »der Kriegerische«

Martino italienische Form von Martin

Márton ungarische Form von Martin

Martyn polnische Form oder englische Schreibweise von Martin

Marvin englische Form des angelsächsischen Namens Irvin

Marwin (althochdeutsch) alter deutscher Vorname gebildet aus »mari« = bekannt, berühmt, angesehen und »wini« = Freund; ebenso als eingedeutschte Schreibweise von Marvin.

Marx altdeutsche, schon im Mittelalter verbreitete Schreibweise von Markus

Masashi (japanisch) gebildet aus »masa« = gerecht und »shi« = Geschichte

Massimo italienische Variante von Maximus (sehr groß)

Masud (arabisch) glücklich sein

Máté ungarische Form von Matthäus

Mateo spanische Form von Matthäus

Mateusz polnische Form von Matthäus

Mathias ursprünglich einfach eine falsche Schreibweise von Matthias, mittlerweile jedoch ein anerkannter Vorname

Mathieu französische Variante von Matthias

Mathis, Mattis, Matthies norddeutsche Formen vom Matthias

Matias finnische Form von Matthias

Mats schwedische Kurzform von Matthias

Matt englische Kurzform von Matthew

Matteo italienische Variante von Matthias

Mattes Kurzform von Matthias

Matthäus Variante von Matthias

Mattia italienische Form von Matthias

Matthes Kurzform von Matthias

Matthew englische Variante von Matthias

Matthias (hebräisch) Himmelsgeschenk

Matthieu Schreibvariante von Mathieu

Matti finnische Variante von Matthias

Mattu (kenianisch) bedeutet in der Kikuju-Sprache »Wolken«

Maurice französische und englische Variante von Moritz (Mohr, Maure); niederländisch Mourice.

Maurin (lateinisch) geht zurück auf Maurinus, eine Ableitung von Maurus.

Mauritz andere Form von Moritz

Maurizio italienische Form von Moritz

Mauro italienische Form von Maurus

Maurus (lateinisch) geht zurück auf einen römischen Beinamen (lat. »maurus« = der aus Mauretanien Stammende, der Mohr)

Max Kurzform von Maximilian

Maxi Koseform von Maximilian

Maxim französische Form von Maximus

Maxime französische Variante von Maximus

Maximilian (lateinisch) »der aus dem Geschlecht der Maximinus« (Maximus)

Maximus (lateinisch) sehr gross, am größten

Mehmet türkische Form von Mohammed

Meik eingedeutschte Schreibweisse von Mike

Meiko niederdeutsch-friesische Koseform von Namen, die mit »Mein-« beginnen, z.B. Meinhard.

Meinert jüngere Form von Meinhard

Meinhard (althochdeutsch) »megin« = tüchtig/»harti« = hart, kräftig

Meinolf (althochdeutsch) »megin« = tüchtig/»wolf« = Wolf

Meinrad (althochdeutsch) »megin« = tüchtig/»rat« = Ratgeber

Mel englische Kurzform von Melvin

Melchior (hebräisch) »König des Lichts«

Melek türkische Form von Malik

Melf durch Zusammenziehung entstandene friesische Form von Meinolf

Melvin aus dem Englischen kommender Name; Rückbildung aus dem weiblichen Vornamen Melvina oder Variante von Melville, einem schottischenFamiliennamen.

Melwin eingedeutschte Schreibweise von Melvin

Menachem aus der Bibel übernommener Name hebräischen Ursprungs (»der Tröster«).

Merlin (keltisch) »Hügel am Meer«. Der englische Vorname entstammt dem Sagenkreis um den walisischen König Artus.

Merlyn Variante von Merlin

Merten niederdeutsche Form von Martin

Merwin eingedeutschte Form von Mervyn oder Variante von Marwin.

Metin (türkisch) stark, vertrauenswürdig

Micha Kurzform von Michael

Michael (hebräisch) Wer ist wie Gott?

Michail russische Form von Michael

Michel seit dem Mittelalter gebräuchliche Form von Michael

Michele italienische Variante von Michael

Mick englische Kurzform von Michael

Mickel schwedische Form von Michael

Mickey ennglische Koseform von Michael

Miguel spanische Variante von Michael

Mika finnische Variante von Michael

Mikael nordische Form von Michael

Mike englische Variante von Michael

Mikel niederländische Nebenform von Michael, auch baskisch

Mikka finnische Form von Michael

Miklos ungarische Variante von Nikolaus

Mikolaj polnische Variante von Nikolaus

Milan slawische Kurzform von Miloslav

Milko (slawisch) Kurzform von Miloslaw/Miloslav

Miloslav (russisch) Ruhm oder Ehre

Miloud (französisch) französischer männlicher Vorname

Mirco Variante von Mirko

Mirek polnische und tschechische Koseform von Miroslaw

Mirko Koseform von Miroslaw/Miroslav

Miron (russisch) reich an Frieden

Miroslav (slawisch) Friede und Ruhm; Kurzform Mirek *Miroslaw*

Mischa russische Kurzform von Michael

Mitch Kurzform von Mitchell

Mitchell ursprünglich aus Michael entstandener englischer Vorname

Mo englische Kurzform von Morris und Moses

Modest (lateinisch) »der Bescheidene«

Modesto italienische Variante von Modest

Mohammed Vorname arabischen Ursprungs (»preiswürdig«); als Name des Propheten Mohammed, des Begründers des Islam in der gesamten islamischen Welt der beliebteste männliche Vorname.

Mohan (Sanskrit) »der Bezaubernde«, der »Verzaubernde«

Mohinder nordindische Form von Mahendra

Moreno italienischer Name, der auf spanisch »moreno« = braun zurückgeht. In Spanien nicht als Vorname gebräuchlich.

Morgan (keltisch) »der auf See Geborene«

Moritz Weiterbildung des lateinischen Mauritius (»der aus Mauretanien Stammende«)

Morris englische Variante von Moritz

Morten nordische Variante von Martin

Mosche Nebenform von Moses

Mose Variante von Moses

Moses biblischer Name ägyptischen Ursprungs (Kind)

Mourice niederländische Variante von Maurice

Muhammed türkische Form von Mohammed

Mustafa (arabisch) »der Erwählte«, Beiname des Propheten Mohammed

Nadir (arabisch) selten, kostbar

Nando Kurzform vom italienischen Ferdinando und spanischen Fernando

Nanno Kurzform von Namen, die mit »Nant« beginnen, wie z.B Nantwin.

Narinder nordindische Form von Narendra

Narvik neu geschaffener Name. Nebenform von Norwig

Nasir türkische Form von Nassir

Nasser (arabisch) Sieg, auch Nasr

Nassir (arabisch) »jemand, der hilft, den Sieg zu erringen«

Nathan Kurzform des hebräischen Namens Nathanael (Gabe Gottes)

Nathanael (hebräisch) Gabe Gottes

Ned englische Kurzform von Edward

Neidhard (altdeutsch) »nid« = (Kampfes) groll/»harti« = hart, kräftig, stark

Neidhart Variante von Neidhard

Neithard Variante von Neidhard

Nemo Vorname literarischer Herkunft, dessen Vorbild Kapitän Nemo (zu lat. »nemo« =niemand) ist.

Nepomuk (slawisch) »der Mann aus Pomuk«

Niccolo italienische Variante von Nikolaus *Nicoletto*

Nicholas englische Variante von Nikolaus

Nick englische Kurzform von Nikolaus

Niclas Variante von Niklas

Nico italienische Kurzform von Nicola

Nicol französische Variante von Nikolaus

Nicola italienische Variante von Nikolaus

Nicolai Variante von Nikolai

Nicolaj Variante von Nikolai

Nicolas englische, französische und spanische Variante von Nikolaus

Nicolas französische Form von Nikolaus; deutsche Schreibweise Nikolas

Nicoletto Koseform von Niccolo

Nicos (griechisch) Kurzform von Nikolaus

Niels Variante von Nils

Nigel englischer Name lateinischen Ursprungs (»der Schwarze«)

Nikita (russisch) Sieg

Niklaus Schweizer Variante von Nikolaus

Nikolai russische Variante von Nikolaus

Nikolaj Variante von Nikolai

Nikolaus (griechisch) »Sieger des Volkes«; englisch Nicholas; schweizerische Kurzform Niklaus; Kurzformen Nick, Nik; russisch Nikolai, Nikolaj, Nicolai, Nicolaj; griechische Kurzform Nicos

Nils nordische Kurzform von Nikolaus

Nithard Variante von Neidhard

Niven englische Form des irischen Namens Naomhain (heilig)

Noah (hebräisch) Trost oder Ruhe schaffen

Noel von französisch: Noël (Weihnachten)

Norbert (altdeutsch) »der im Norden Glänzende«

Norman (altdeutsch) »der Mann aus dem Norden«

Norwig (altdeutsch) »nord« = Norden/»wig« = Kampf, Krieg

Norwin (altdeutsch) »nord« = Norden/»wini« = Freund

Notger Variante von Notker

Notker (altdeutsch) »not« = Bedrängnis/»ger« = Speer

Obadja (biblisch) Gottesknecht

Octavian abgeleitet von Octavianus

Octavio spanische Form von Octavius

Octavius (lateinisch) »Der aus dem Geschlecht der Octavier«

Odilio Verkleinerungsform von Odo

Odin nordgermanische Gottheit

Odo Kurzform von Vornamen, die mit den Silben »Od« oder »Ot« beginnen.

Odysseus Sagengestalt aus der griechischen Mythologie

Okke friesische Kurzform von Namen, die mit dem Namensbestandteil »Ot-« beginnen.

Okko Variante von Okke

Oktavius Variante von Octavius

Olaf (nordisch) »Nachfahre des verehrten Urahns«; schwedisch Olof, Olf; dänisch Oluf *Olav*

Ole skandinavische Kurzform von Olaf und deutsche Kurzform von Namen, die mit dem Namensbestandteil »Ul-« beginnen, wie z.B. Ulrich

Oleg russische Variante von Helge

Olek tschechische Koseform von Ulrich

Oliver alter französischer Name lateinischen Ursprungs (Ölbaumpflanzer)

Olivier französische Form von Oliver

Olof schwedische Variante von Olaf

Oluf dänische Variante von Olaf

Omar (arabisch) gedeihen, lange leben

Omko nordische Variante von Otmar

Orest (griechisch) Berg, Bergbewohner. Nach der griechischen Sage ist Orestes der Sohn von Agamemnon und Klytämnestra. Er rächt den Tod seines Vaters, indem er die eigene Mutter ermordet.

Orlando spanische und italienische Variante von Roland

Orson englische Variante von Urs

Ortnit (altdeutsch) »ort« = Schwertspitze/»nid« = Groll, feindliche Gesinnung.

Ortwin (altdeutsch) »ort« = Schwertspitze/»winni« = Freund

Oscar Variante von Oskar

Oskar modernisierte Schreibweise des alten deutschen Namens Ansgar

Oswald (altdeutsch) »ans« = Gott/»walt« = walten

Oswin (altdeutsch) »ans« = Gott/»wini« = Freund

Otfried (altdeutsch) »ot« = Besitz, Reichtum/»fridu« = Friede

Othmar Variante von Otmar

Otmar (altdeutsch) »auda« = Besitz/»od« = Gut

Ottfried Variante von Otfried

Ottmar Variante von Otmar

Otto (altdeutsch) Besitz

Ottokar (altdeutsch) »auda« = Besitz/»wakar« = wachsam

Owen walisischer Name, dessen Bedeutung umstritten ist. In Irland ist Owen die anglisierte Form des bislang ungeklärten gälischen Namens Eóghan.

Özkan (türkisch) reines Blut

Pablo spanische Variante von Paul

Pankraz (griechisch) gebildet aus »pan« = all, ganz und »krátos« = Kraft, Macht.

Paolo italienische Variante von Paul

Paris entstammt der griechischen Mythologie. Paris, Sohn des Königs Priamos von Troja, entführte Helena und löste damit den Trojanischen Krieg aus.

Pascal (französisch) »der an Ostern Geborene«

Pascual spanische Form Pascal (bedeutet »der Österliche«); italienisch Pasquale

Patricio spanische Variante von Patricius

Patricius (lateinisch) »der Patrizier« oder »der Edle«

Patrick Irische Kurzform von Patricius

Patrizio italienische Variante von Patricius

Patrizius Variante von Patricius

Paul Vorname lateinischen Ursprungs, der auf den römischen Beinamen Paulus (klein) zurückgeht.

Paulinus Weiterbildung von Paulus

Paulus (lateinisch) »der Kleine«

Pavel slawische Formen von Paul

Pawel russische Variante von Paul

Pedro spanische Variante von Peter

Peer dänische Variante von Peter

Pekka finnische Form von Peter

Peppo Kurzform von Josef

Per durch Zusammenziehung entstandene nordische Form von Peter

Percy aus dem Englischen übernommener Vorname, der auf einen englischen Familiennamen nach einem Ortsnamen in der Normandie zurückgeht.

Perez spanische Variante von Peter

Pete englische Kurzform von Peter

Peter (griechisch) »der Fels« (= Petrus)

Phelan (keltisch) »kleiner Wolf«

Philip englische Variante von Philipp

Philipp (griechisch) »der Pferdefreund«

Philippe französische Variante von Philipp

Philo (griechisch) »der Freund«

Piedro italienische Variante von Peter

Pierce englischer/irischer Vorname, dem eine mittelalterliche Form von Peter zugrunde liegt.

Pierre französische Variante von Peter

Piet niederländische Kurzform von Pieter

Pieter niederländische Variante von Peter

Pinkas Variante von Pinkus

Pinkus (hebräisch) »der Gesegnete«

Piotr russische Formen von Peter

Pirmin vom heiligen Pirminius. Herkunft und Bedeutung leider unbekannt.

Pitt Kurzform von Peter

Pius (lateinisch) »der Fromme«

Pjotr russische Variante von Peter

Plácido spanische Form des römischen Beinamens Placidus (sanft, friedlich, ruhig)

Poldi Kurzform von Leopold

Poul dänische Form von Paul

Primus (lateinisch) »der Erste«

Prosper (lateinisch) »der Glückliche«

Quentin französische und englische Variante von Quintus

Quinn ursprünglich ein Familienname irischer oder normannischer Herkunft

Quint Kurzform von Quintus

Quintin Variante von Quintus

Quintinus erweiterte Form von Quintus

Quintus (lateinisch) »der Fünfte«

Quirin (lateinisch) Kriegsgott der Sabiner (»quiris« = Lanze, Speer)

Quirinus (lateinisch) Beiname des Kriegsgotts Mars (Lanzenschwinger)

Rabanus (lateinisch) »der Rabe«

Radek Kurzform von slawischen Namen, die mit »Rad« beginnen.

Radolf Variante von Radulf *Radolph*

Radomir urslawischer Vorname, der mit »gern, froh« oder mit »arbeiten, fügen, pasend zurechtlegen« übersetzt werden kann.

Radulf (altdeutsch) »rat« = Rat/»wol« = Wolf; im Sinne von Ratgeber

Rafael slawische Variante von Raphael

Raffaelo italienische Variante von Raphael

Rafik (arabisch) Begleiter des Islam

Ragnar nordische Variante von Rainer

Rahim (arabisch) »Diener Allahs, des Gnädigen«, auch türkisch

Raik Nebenform von Reik

Raiko Nebenform von Reik

Raimar Variante von Reimar

Raimund (altdeutsch) »ragina« = Rat/«munt« = Schutz

Rainald Nebenform von Reinold

Rainer (altdeutsch) »ragina« = Rat/»heri« = Heer

Rainier französische Variante von Rainer

Ralf aus dem Englischen übernommene Kurzform von Radolf

Ralph Variante von Ralf

Ramesch (indisch) »Ramas Herr«; ein Name Wischnus

Ramon spanische Variante von Raimund

Raoul französische Variante von Radolf

Raphael (hebräisch) »Heil von Gott«

Raschid (arabisch) »der Rechtgeleitete«

Raul spanische Variante von Radolf

Raymond französische und englische Variante von Raimund

Reginald englische Variante von Reinold

Règnier französische Variante von Rainer

Reik niederdeutsche Kurzform zu Namen, mit »Regin-, Reim-, Rein,-« z.B. Reginald, Reimund und Reinhold

Reiko Nebenform von Reik

Reimar (altdeutsch) »ragina« = Rat/»mar« = berühmt

Reimund Variante von Raimund

Reiner Variante von Rainer

Reinhard (altdeutsch) »ragina« = Rat/»harti« = hart, kräftig

Reinhart Variante von Reinhard

Reinhold Variante von Reinold

Reinold (altdeutsch) »ragina« = Rat/»walt« = walten, herrschen

Remo deutsche Variante von Remus

Remus (lateinisch) benannt nach einem der sagenhaften Gründer Roms

Renato italienische Variante von Renatus

Renatus (lateinisch) »der Wiedergeborene«

René französische Variante von Renatus

Reto Schweizer Vorname (»der Rätoromane«)

Rex (lateinisch) König

Riccardo italienische Variante von Richard

Ricco Koseform von Riccardo

Richard (altdeutsch) kühn, mächtig und stark

Richart Variante von Richard

Richwin (altdeutsch) »rihhi« = Herrschaft, Herrscher, Macht/»wini« = Freund

Rick englische Kurzform von Richard

Ricky englische Koseform von Richard

Rico Kurzform von Namen, die mit dem Namensbestandteil »rico« enden

Rik Kurzform von Hendrik und Henrik

Rinaldo italienische Variante von Reinold

Roald norwegischer Name, gebildet aus Ruhm und Herrscher

Robby englische Kurzform von Robert

Robert altdeutsche Nebenform von Rupert

Roberto italienische Variante von Robert

Robin Kurzform von Robert

Robyn andere Form von Robin

Rocco italienische Variante von Rochus

Roch französische Variante von Rochus

Roche spanische Variante von Rochus

Rochus (lateinisch) Kriegsgeschrei

Rock englische Variante von Rochus

Rocky englische Koseform von Rock

Roderich (altdeutsch) »rod« = Ruhm/»rik« = Herrscher

Roderick englische Variante von Roderich

Rodolfo italienische Variante von Rudolf

Rodrigo spanische Variante von Roderich

Rodrique französische Variante von Roderich

Roger Nebenform von Rüdiger

Roland (altdeutsch) »rod« = Ruhm/»nand« = kühn

Rolf Nebenform von Rudolf

Roman (lateinisch) »der Römer«

Romano italienische Form von Roman

Ronald englische Variante von Reinhold

Ronnie deutsche Variante von Ronny

Ronny englische Kurzform von Ronald

Rosario (italienisch) Rosenkranz

Rouven neuere Variante von Ruben

Roy (irisch) »der Rote«

Ruben (hebräisch) »Sehet, ein Sohn«

Rudolf, Rudolph alter deutscher Vorname (bedeutet Ruhm, Ehre und Wolf); italienisch Rodolfo; französisch Rodolphe; Kurzformen Rudi, Rolf

Rüdiger (altdeutsch) »rod« = Ruhm/»ger« = Speer

Rufus (lateinisch) »der Rote«

Rupert (altdeutsch) »rod« = Ruhm/»beraht« = glänzend

Ruprecht Variante von Rupert

Ruthard (altdeutsch) »rod« = Ruhm/»harti« = hart, kräftig, stark

Sacha französische Variante von Sascha

Said (arabisch) glücklich sein

Salim (arabisch) unversehrt sein

Salomon (hebräisch) »der Friedliche«

Salvator, Salvatore italienisch (Retter, Erlöser); spanisch Salvador

Sam englische Variante von Samuel

Samir (arabisch) »sich am Abend oder in der Nacht unterhalten«

Sammy Koseform von Samuel

Samuel (hebräisch) »Von Gott erhört«

Sander Kurzform von Alexander

Sando bulgarische Kurzform von Alexander

Sandro Kurzform von Alessandro

Sanja russische Kurzform von Alexander

Sascha russische Kurzform von Alexander

Sasso (niederdeutsch) Sachse

Saul (hebräisch) »der Erbetene«

Saulus latinisierte Variante von Saul

Schalom (hebräisch) Friede

Schamir (biblisch) Dornen. Im Alten Testament der Name eines Leviten.

Schiwa (indisch) nach dem Gott Schiwa: gütig, mild, verheißungsvoll, glücklich.

Sean irische Form des französischen Namens Jean

Sebald (altdeutsch) »sigu« = Sieg/»bald« = kühn

Sebastian (griechisch) »der Ehrwürdige«

Sebastiano italienische Variante von Sebastian

Sébastien französische Variante von Sebastian

Selmar (altdeutsch) erste Silbe ist unbekannt, »mar« = berühmt

Semjon russische Variante von Simon

Sepp Kurzform von Josef

Serafim russische Variante von Seraphin

Seraphin (hebräisch) Bedeutung ist leider unbekannt; russisch Serafim

Serenus (lateinisch) »der Heitere«

Serge französische und englische Variante von Sergius

Sergej russische Variante von Sergius

Sergio italienische und spanische Variante von Sergius

Sergius (lateinisch) »der aus dem Geschlecht der Sergier«

Servatius (lateinisch) »der Gerettete«

Seth ägyptischer Gott der schwarzen Magie

Sev Name des gothischen Gottes zum Schutz des Volkes

Severin (lateinisch) »der Strenge« oder »der Ernste«

Shane englische Schreibweise des irischen Namens Sean

Shannon hergeleitet von dem gleichlautenden Fluss in Irland

Shaun englische Schreibweise des irischen Namens Sean

Sidonius (lateinisch) »der aus Sidon Stammende«

Siegbert (altdeutsch) »sigu« = Sieg/»beraht« = glänzend

Siegfried (altdeutsch) »sigu« = Sieg/»fridu« = Friede

Siegmar (altdeutsch) »sigu« = Sieg/»mar« = berühmt

Siegmund (altdeutsch) »sigu« = Sieg/»munt« = Schutz

Siegward Variante von Siegwart

Siegwart (altdeutsch) »sigu« = Sieg/»wart« = Hüter

Siegrich (altdeutsch) »sigu« = Sieg/»rihhi« = Herrscher, reich, mächtig

Sigmund Variante von Siegmund

Sigurd nordische Variante von Siegwart

Silas (aramäisch) Nebenform von Saul

Silvain französische Variante von Silvius

Silvano italienische Variante von Silvanus

Silvanus (lateinisch) »der Waldbewohner«

Silvester (lateinisch) »der im Wald Lebende«

Silvio italienische Variante von Silvanus

Silvius Variante von Silvanus

Simeon Weiterbildung von Simon

Simjon russische Variante von Simon

Simon (hebräisch) »Gott hat erhört«

Sinen niederländisch

Sirko niederdeutsche Kurzform von Siegrich

Sixt Variante von Sixtus

Sixtus (griechisch) »der Feine« oder auch »der Sechste«

Söhnke, Soehnke (nordfriesisch) (Söhnchen); Varianten Sünke, Suntje

Söncke (friesisch) Söhnchen

Sönke (nordfriesisch) Variante von Söncke

Sonny englische Koseform für »Söhnchen«

Sophus (griechisch) »der Weise«

Sören dänische Variante von Severin

Stan Kurzform von Stanley (ursprünglich der Name eines Ortes)

Stanislaus latinisierte Form des polnischen Vornamens Stanislaw

Stanislaw (polnisch) »stan« = Lager/»slawa« = berühmt

Stanley (englisch) bezeichnete früher eine Ortschaft

Stefan Variante von Stephan

Stefano italienische Variante von Stephan

Steffen niederdeutsche Variante von Stephan

Sten (nordisch) Stein

Stenzel Kurzform von Stanislaus

Stephan (griechisch) Krone oder Kranz

Stephen englische Variante von Stephan

Steve englische Kurzform von Stephan

Steven englische und niederländische Variante von Stephan *Stephen*

Sünke Variante von Sönke

Sulpiz (lateinisch) »Der aus dem Geschlecht der Sulpicier«

Suntje Variante von Söncke

Sven (nordisch) junger Krieger

Sylvester Variante von Silvester

Sylvio Variante von Silvio

Takeshi (japanisch) mutig

Takumi (japanisch) Handwerk

Tamino (griechisch) Herr, Gebieter

Tankred (nordisch) »danc« = denken/»rat« = Ratgeber

Tarek (arabisch) »der an die Tür klopft«, »nächtlicher Besucher«

Tassilo, Thassilo, Tassulli Verkleinerungsformen von Tasso *Thassilo*

Tasso langobardisch-oberdeutsche Herkunft, zu germanisch »dedi« = Tat

Tatianus Weiterbildung von Tatius

Tatius König der Sabiner und Mitregent des Romolus

Tebaldo italienische Variante von Theobald

Ted englische Kurz- und Koseform von Theodor

Thaddäus (hebräisch) vom griechischen »thaddaios« = Lobpreis

Thamar (hebräisch) Dattelpalme

Thankmar Nebenform von Dankmar

Thankred Variante von Tankred

Thassilo Variante von Tassilo

Theo Kurzform von Theodor, Theobald

Theobald latinisierte Form des alten deutschen Namens Dietbold

Theodor (griechisch) Gottesgeschenk

Theodore englische Variante von Theodor

Thèodore französische Variante von Theodor

Theokles (griechisch) »theos« = Gott/»kleos« = Ruhm

Theophil (griechisch) Gottesfreund

Thibauld französische Variante von Theodor

Thibault Variante von Thibauld

Thibaut französische Variante von Theobald

Thies Kurzform von Matthias

Thilo Kurzform von Namen, die mit dem Namensbestandteil »Diet« beginnen

Thimotheus (griechisch) Gott ehrend

Thobias Variante von Tobias

Thomas (hebräisch) Zwilling

Thomé französische Variante von Thomas

Thoralf (nordisch) »Thor« = germanischer Donnergott/»alf« = Elfe, Naturgeist

Thorben Variante von Torben

Thorbjörn (nordisch) »Thor« = germanischer Donnergott/»björn« = Bär, Häuptling

Thore (nordisch) »Thor« = germanischer Donnergott

Thorsten (nordisch) »Thor« = germanischer Donnergott/»sten« = Stein

Thorwald (nordisch) »Thor« = germanischer Donnergott/»walt« = walten, herrschen

Thure Variante von Thore

Tiberius (lateinisch) »dem Gott des Tiber geweiht«

Tibor ungarische Variante von Tiberius (dem Gott des Tiber)

Till friesische Kurzform von Dietrich

Tillmann friesische Variante von Dietrich

Tilman Variante von Tillmann

Tilo Variante von Thilo

Tim altdeutsche Kurzform von Namen, die mit den Silben »Thi« oder »Ti«

Timo Kurzform von Timotheus

Timofej russische Variante von Timotheus

Timon (griechisch) ehrwürdig, ehrenwert

Timothée französische Variante von Timotheus

Timotheus (griechisch) Gott und Ehre

Timothy englische Variante von Timotheus

Tino Kurzform von Namen, die mit dem Namensbestandteil »ino« enden, z.B. Valentino

Tito Variante von Titus

Titus (lateinisch) Singular von »titi« = Wildtauben.

Tizian italienische Variante von Titus

Tjaard friesische Kurzform von Diethard

Tjard friesische Kurzform von Diethard

Tjark friesische Kurzform von Dietrich

Tobias (hebräisch) »Gott ist gnädig«

Tolga (türkisch) Helm

Tomke niederdeutsche Kurzform von Dominik. Auch als weiblicher Vorname gebräuchlich.

Tommaso italienische Variante von Thomas

Tommy Kurz- und Koseform von Thomas *Tommi*

Tonio italienische Kurzform von Antonio

Tony englische Kurzform von Anthony, auch Schreibvariante von Toni

Toralf, Toralv Varianten von Thoralf

Torben, Thorben dänische Form von Thorbjörn bzw. Torbjörn (Thor/Bär)

Torbjörn Variante von Thorbjörn

Tord nordische Kurzform von Namen, die mit dem Namensbestandteil »Thor« beginne

Torge, Thorge Kurzform des nordischen Namens Torger (Thor/Speer)

Torger (nordisch) »Thor« = germanischer Donnergott/»ger« = Speer

Torsten schwedische Variante von Thorsten

Tristan (keltisch) Waffenlärm oder klirrendes Schwert

Trotz (altdeutsch) Wiederstand

Troy ursprünglich ein Nachname, der auf den französischen Ortsnamen Troyes zurückgeht

Trutz Variante von Trotz

Tünnes rheinische Kurzform von Antonius

Ture Variante von Thure

Tyrone abgeleitet vom Namen einer irischen Grafschaft

Ubbe schwedische Ableitung zu Ulf oder Urban

Ubbo zweistämmige friesische kurzform von Namen wie Ulbert

Udo, Utz Kurzformen von Ulrich

Ueli Schweizer Kurzform von Ulrich

Ümit türkischer Vorname persischer Herkunft (Hoffnung, Erwartung)
Ufuk (türkisch) Horizont, Gesichtskreis

Ünal Imperativname zu türkisch »ünal« = nimm Ruhm!

Uffing (altdeutsch)

Ulf nordische Variante von Wolf; altdeutsch Ulv

Ulfart ostfriesiche Variante von Wolfhard

Ulfart, Ulferd, Ulfert friesische Formen von Wolfhard (starker Wolf)

Ulferd Variante von Ulfart

Ulfert Variante von Ulfart

Ulfried (altdeutsch) »uodal« = Heimat/»fridu« = Friede

Ulli Variante von Uli

Ulrich, Ullrich (altdeutsch) »uodal« = Heimat/»rihhi« = reich (mächtiger Herrscher)

Ulysses lateinische Wiedergabe des Namens des griechischen Helden Odyseus.

Umberto italienische Variante des altgermanischen Namens Humbert (von bert = »glänzend«)

Urban (lateinisch) Stadtbewohner

Urs (lateinisch) Bär

Uwe friesische Kurzform von Namen, die mit den Silben »Ol« oder »Ul« beginnen

Uz Variante von Utz

Vadim russischer, ukrainischer und polnischer Vorname, dem wahrscheinlich das urslawische Verb »vadiri« = streiten zugrunde liegt.

Valentin (lateinisch) basiert auf dem römischen Beinamen Valens (kräftig, gesund)

Valentino italienische Variante von Valentin

Valerian Weiterbildung von Valerius

Valerius (lateinisch) »der aus dem Geschlecht der Valerier« zu lat. »valere« = kräftig, stark

Vanaspati (indisch) »Her des Waldes«. Ein Name des Gottes Wischnu.

Varg (nordisch) Wolf, Räuber, friedloser Mann

Varun (Sanskrit) »der zurückhält, zurückzieht«. Name einer vedischen Wassergottheit.

Vasant (Sanskrit) Frühling

Vasco (spanisch-portugiesisch) Baske

Veikko (finnisch) soviel wie »der Gefährte«

Veit Nebenform von Vitus

Velten Kurzform von Valentin

Veltin Kurzform von Valentin

Vico (italienisch) Kurzform von Viktor

Victor englische und französische Variante von Viktor

Viktor (lateinisch) Sieger

Vilmar (altdeutsch) »der Vielgerühmte«

Vincent französische Variante von Vinzenz

Vinzenz (lateinisch) »der Sieger«

Virgil (lateinisch) Vergilius ist ein altrömischer Geschlechtername

Vitalis (lateinisch) »der Lebenskräftige«

Vito Nebenform von Vitus

Vitore Kurzform von Vittorio

Vittorio italienische Variante von Viktor

Vitus (lateinisch) von »vita« = Leben; Kurzformen Vito, Veit

Vivian englische männliche Variante von Viviane

Vivien französische männliche Variante von Viviane

Vlado slawische Kurzform von Vladimir oder Vladislav

Volker (altdeutsch) »folc« = Volk/»heri« = Heer

Volkmar (altdeutsch) »folc« = Volk/»mar« = berühmt, angesehen

Volmar Variante von Volkmar

Wail (arabisch) »einer, der zu Gott zurückkehrt«

Waldemar (altdeutsch) »walt« = walten, herrschen/»mar« = berühmt

Walid (arabisch) neugeborenes Kind

Waleri polnische Kurzform von Walerian

Walerian polnische Variante von Valerian (kräftig, stark); Kurzform Waleri

Walo Schweizer Kurzform von Walter und Waldemar

Walt englische Kurzform von Walter, ebenso Kurzform von Namen, die mit »Wald-« oder »-wald« gebildet sind

Walter (altdeutsch) »walt« = walten, herrschen/»heri« = Heer

Walther Variante von Walter

Waltram (altdeutsch) »walt« = walten, herrschen/»hraban« = Rabe

Wanja russische Koseform von Iwan. Als weiblicher Vorname in Deutschland zwar anerkannt, aber unüblich.

Wanjo bulgarische Koseform von Iwan (Johannes)

Wahib (arabisch) »Geber«, »großzügiger Schenker«

Wassili russische Form von Basilius *Wassiliy, Wassily*

Wedekind (altdeutsch) »witu« = Wald/»kind« = Kind; friesische Kurzform Weko

Weko ostfriesische Kurzform von Wedekind

Wendel, Wendelin Kurzform von Wendelbert, altdeutsch (Vandalen & glänzend)

Wendelbert (altdeutsch) »vandali« = Vandalen/»beraht« = glänzend

Wendelin Kurzform von Namen, die mit »Wendel« beginnen

Wendelmar (altdeutsch) »vandali« = Vandalen/»mar« = berühmt

Wenzel Kurzform des polnischen Namens Wenzeslaus (mehr Ruhm)

Wenzelaus (polnisch) mehr Ruhm

Werner (altdeutsch) »der zum Germanenstamm der Warnen Gehörende«

Wernher Variante von Werner

Werno Kurzform von Werner

Wesley (englisch) »Mann vom Feld«

Wichard, Wichart Varianten des altdeutschen Namens Wighard (Kampf, Krieg/hart, kräftig)

Wido (bedeutet »Holz, Wald«)

Wiegolf (altdeutsch) »wig« = Kampf, Krieg/»wolf« = Wolf

Wieland (altdeutsch) »wela« = Kampf/»nand« = kühn oder wagemutig

Wigand, Wiegand (altdeutsch) Kämpfer

Wigbert (altdeutsch) »wig« = Kampf, Krieg/»beraht« = glänzend

Wighard (altdeutsch) »wig« = Kampf, Krieg/»harti« = hart, kräftig, stark

Wignand (altdeutsch) »wig« = Kampf, Krieg/»nand« = kühn, wagemutig

Wilfried (altdeutsch) »willio« = Wille/»fridu« = Friede

Wilhelm (altdeutsch) »willio« = Wille/»helm« = Helm

Wilko niederdeutsche und friesische Koseform von Namen, die mit dem Namensbestandteil »Wil-« beginnen.

Willi Kurzform von Wilhelm

William englische Variante von Wilhelm

Willibald (altdeutsch) »willio« = Wille/»bald« = kühn

Willy Variante von Willi

Wilpert (altdeutsch) »willio« = Wille/»beraht« = glänzend

Wim Kurzform von Wilhelm

Wimbert zusammengesetzt aus Kurzformen von Wilhelm und Berthold

Winand Variante von Wignand

Winfried, Winfrid (altdeutsch) Schutz, Friede

Winston englischer Vorname, abgeleitet von einem Ortsnamen

Witold, Withold (altdeutsch) Wald & walten, herrschen

Wladimir russische Variante von Waldemar

Wolf altdeutsche Kurzform von Namen, die mit dem Namensbestandteil »Wolf« beginnen

Wolfart Variante von Wolfhard

Wolfdietrich zusammengesetzt aus Wolf und Dietrich

Wolfert Variante von Wolfhard

Wolfgang (althochdeutsch) »wolf« = Wolf/»ganc« = Gang

Wolfgar (althochdeutsch) zusammengestzt aus »wolf« = Wolf und »ger« = Speer

Wolfhard (altdeutsch) »wolf« = Wolf/»harti« = Hart

Wolfhard, Wolfart, Wolfert, Wolfhart starker Wolf

Wolfhart Variante von Wolfhard

Wolfram (altdeutsch) »wolf« = Wolf/»hraban« = Rabe

Wolter niederdeutsche Form von Walter

Wotan benannt ach dem höchsten germanischen Gott Wotan, »der Inspirierte«

Wubbo friesische Kurzform von Zusammensetzungen

Wulf Variante von Wolf

Xaime galizische (nordwestspanische) Form von Jakob

Xander Kurzform von Alexander

Xaver (spanisch) nach dem Geburtsort des Heiligen Franz (= Schloß Javier)

Xavier englische und französische Variante von Xaver

Xenos (griechisch) griechische Herkunft, in England als Vorname geläufig (der Fremde)

Xerxes griechische Form eines altpersischen Königsnamens

Xoan galizische (nordwestspanische) Form von Johannes

Yaakov andere Schreibweise von Yakov

Yadid (hebräisch) Freund, Geliebter

Yadigar (türkisch) Erinnerung

Yadin (hebräisch) »Gott wird es richten«

Yair neuhebräische Form von Jair (»laß Jahwe erstrahlen«)

Yago spanische Kurzform von Jakob

Yahya arabische Form von Johannes

Yakov neuhebräische Form von Jakob

Yakup türkische Variante von Jakob

Yan Schreibvariante von Jan

Yanek modische Schreibvariante von Janek, einer polnischen und tschechischen Koseform von Jan/Johannes.

Yanis, Yannes griechische Formen von Johannes

Yann bretonische Variante von Jan

Yannic bretonische Variante von Johannes

Yannik, Yannick Varianten von Yannic

Yarden neuhebräische Form von Jordan (Name des Flusses in Palästina, in dem Jesus getauft wurde)

Yaren (türkisch/persisch) Freund, enger Gefährte

Yari (persisch) Hilfe, Liebe, Freundschaft

Yaron (neuhebräisch) »er wird singen, er wird froh sein«

Yash (indisch) Ruhm

Yashodhan (indisch) »der Ruhmreiche«

Yasir, Yassir (arabisch) »der Reiche«

Yazid (arabisch) »er vergrößert«

Yehuda neuhebräische Form von Juda

Yehudi neuhebräischer Vorname mit der Bedeutung »der aus Judäa«

Yener (türkisch) »er besiegt«

Yilmaz (türkisch) »der sich nicht fürchtet«

Yona neuhebräische Form von Jonas

Yorick Variante von Jorck

York, Yorck dänische Kurzform von Georg

Yosef neuhebräische Form von Josef

Yoshua Schreibvariante von Joshua

Yukio (japanisch) zusammengesetzt aus »yuki« = Schnee und »o« = Mann

Yule (schottisch) Weihnacht

Yunus türkische Form von Jonas

Yuri englische Schreibweise von Jurij

Yussuf arabische und türkische Form von Josef (»Jahwe möge hinzugeben«)

Yuval neuhebräische Form von Jubal

Yves französischer Name mit umstrittener Herkunft: entweder mit keltischem Ursprung (Ebenholz) oder Variante des serbischen Ivo (Variante von Johannes)

Yvon französische Form von Ivo

Zacharias (hebräisch) »der Herr gedenkt meiner«/»der Herr hat sich erinnert«

Zadok (biblisch, hebräisch) »er (Gott) ist gerecht«, Gerechtigkeit. Nach der Bibel war Zadok Oberpriester in Jerusalem unter David und Salomon.

Zahir (arabisch) leuchtend, glänzend, blühend

Zaid (arabisch) größer werden, wachsen, zunehmen

Zaki (arabisch) tugendhaft, rechtschaffend, türkisch: Zeki

Zander Kurzform von Alexander

Zarin (bulgarisch) Zar oder Herrscher

Zdenko slawische Variante von Sidonius

Zeev (biblisch, hebräisch) Wolf; in der Bibel vergleicht Jakob Benjamin mit einem reißenden Wolf.

Zeno (griechisch) von »Zenon« = Geschenk des Zeus

Zens Kurzform von Vinzenz

Zikomo aus Malawi stammender Vorname, der in der Ngoni-Sprache »danke schön« bedeutet.

Zino italienische Kurzform von Namen, die mit »-zino« enden, z. B. Lorenzino oder Vincenzino

Ziv (neuhebräisch) Glanz, Ruhm

Ziyad (arabisch) größer werden, wachsen, zunehmen

Zlatko serbische und kroatische Kurzform von Zlatomir (Gold/Friede)

Zohar (neuhebräisch) Glanz, Strahlen

Zoltan ungarische Variante von Sultan

Zwier friesische Form von Sweer

Nobelpreisträger

Männlich

Albert (Einstein)
Carl (von Ossietzky)
Elie (Wiesel)
Ernest (Hemingway)
Gerhart (Hauptmann)
Günter (Grass)
Gustav (Stresemann)
Hans (Spemann)
Heinrich (Böll)
Henry (Kissinger)
Hermann (Hesse)
Ivan (Pawlow)
Kofi (Annan)
Martin (Luther King)
Michail (Gorbatschow)
Nelson (Mandela)
Niels (Bohr)
Octavio (Paz)
Pablo (Neruda)
Theodor (Mommsen)
Willy (Brandt)

Weiblich

Agnes (»Mutter Teresa«)
Marie (Curie)
Nadine (Gordimer)
Nelly (Sachs)
Pearl (Buck)
Toni (Morrison)

Blumennamen

Akazia
Amaryllis
Anthea
Arnika
Ayaka
Azalea
Begonia
Calla
Camellia
Clematis
Cosmea
Dahlia
Daisy
Daphne
Fiorella
Fleur
Flora
Flower
Heather
Holly
Hyazinth
Inna
Iris
Ivi
Jasmine
Lavender
Lilac
Lily
Magerita
Magnolia
Mailin
Malai
Malva
Melissa
Nasrin
Nurit
Ornella
Raisa
Rhoda
Rosa, Rosalia
Rose
Talea
Tulip
Verbena
Viola
Yoland
Yuri
Zinna

Könige & Königinnen

Weiblich

Amina
Anne
Beatrix
Charlotte
Christina
Cleopatra
Elizabeth
Esther
Filippa
Ingrid
Isabella
Jeanne
Juliana
Louise
Margaret
Marie
Mary
Matilda
Silvia
Sofia
Tamar
Victoria
Zenobia

Männlich

Albrecht
Alexander
Arthur
Carlos
Charles
David
Edgar
Edmund
Edward
Ferdinand
Frederick
Franz
Friedrich
George
Heinrich
Henry
James
John
Konrad
Lothar
Louis
Magnus
Otto
Phillip
Richard
William

ENTDECKER

ALEXANDER (von Humboldt)
AMELIA (Earhart)
ANN (Bancroft)
AMERIGO (Vespucci)
BARTOLOMEU (Dias)
CHRISTOPHER (Columbus)
ERIC (Der Rote)
FERDINAND (Magellan)
FRANCISCO (Vásquez de Coronado)
GEORGE (Everest)
GERTRUDE (Bell)
HARRIET (Chalmers Adams)
HENRY (Hudson)
HERNÁN (Cortés)
HERNANDO (de Soto)
JACQUES (Cousteau)
JUAN (Ponce de León)
JAMES (Cook)
LEIF (Ericsson)
MARCO (Polo)
NEIL (Armstrong)
SAMUEL (de Champlain)
THOR (Heyerdahl)
WALTER (Raleigh)
WILLIAM (Clark)
ZEBULON (Pike)

Biblisch

Weiblich

Dalila
Damaris
Deborah
Dina
Elisabeth
Esther
Eva
Hanna
Jael
Jemima
Johanna
Judith
Julia
Lea
Lydia
Maria
Martha
Milka
Mirjam
Rebekka
Ruth
Salome
Sarah
Tabea
Tamar

Männlich

Aaron
Abel
Abimelech
Abraham
Adam
Balthasar
Barnabas
Benjamin
Daniel
David
Elias
Ephraim
Ezra
Gabriel
Immanuel
Isaak
Jakob
Jamin
Jeremia
Jesaja
Joachim
Joel
Jonas
Jonathan
Josef
Josua
Lazarus
Levi
Lukas
Markus
Matthias
Melchior
Michael
Mose
Nathan
Noah
Paulus
Raphael
Ruben
Salomon
Samson
Samuel
Saulus
Simson
Stefan
Thomas
Timotheus
Tobias
Uriel
Zacharias

Mythologie

Weiblich

Aphrodite
Athene
Aurora
Bellona
Berenike
Calliope
Calypso
Camilla
Cassiopeia
Chloe
Clementia
Concordia
Daphne
Decima
Demeter
Diana
Echo
Elektra
Europa
Fauna
Felicitas
Flora
Fortuna
Helena
Hera
Hestia
Io
Isis
Juno
Leda
Levana
Luna
Mania
Medusa
Pandora
Penelope
Persephone
Phoebe
Psyche
Rhea
Roma
Venus
Veritas
Vesta
Victoria
Minerva

Männlich

Achilles
Adonis
Aeneas
Amor
Anubis
Apollo
Ares
Artemis
Atlas
Bacchus
Cupid
Dionysus
Eros
Faunus
Hades
Hektor
Helios
Herkules
Hermes
Ikarus
Janus
Jason
Jupiter
Mars
Merkur
Midas
Morpheus
Narcissus
Neptune
Odysseus
Orion
Pan
Paris
Perseus
Pluto
Poseidon
Prometheus
Romulus
Seth
Silvanus
Ulysses
Zeus

Orte

Weiblich

Africa
Asia
Brooklyn
Cheyenne
Dakota
Florence
Georgia
India
Kenya
Lourdes
Madison
Montana
Nuria
Olympia
Paris
Roma
Regina
Savannah
Siena
Sydney
Victoria
Vienna

Männlich

Alban
Boston
Cuba
Dakota
Dallas
Diego
Indiana
Kent
Milan
Montreal
Nevada
Orlando
Phoenix
Reno
Reto
Rio
Sydney
Tennessee
Washington

Cheyenne
India
Phoenix
Diego

Edelsteine und Minerale

Amber
Beryl
Coral
Crystal
Diamond
Esmeralda
Flint
Gemma
Goldie
Jade
Jasper
Jewel
Mercury
Opal
Pearl
Rock
Ruby
Sandy
Saphira
Steel
Sten
Stone
Topaz

Künstler

Weiblich

Anna (Oppermann)
Annie (Leibovitz)
Cindy (Sherman)
Diane (Arbus)
Dora (Maar)
Else (Meidner)
Frida (Kahlo)
Gabriele (Münter)
Georgia (O'Keeffe)
Hanna (Nagel)
Käthe (Kollwitz)
Lena (Vandrey)
Niki (de Saint Phalle)

Männlich

Andy (Warhol)
Auguste (Renoir)
Claude (Monet)
Diego (Rivera)
Dante (Gabriel Rosetti)
Edgar (Degas)
Edward (Hopper)
Ernst (Barlach)
Gustav (Klimt)
Henri (Matisse)
Jasper (Johns)
Leonardo (da Vinci)
Marc (Chagall)
Michelangelo (Buonarroti)
Pablo (Picasso)
Paul (Cézanne)
Rembrandt (van Rijn)
Robert (Mapplethorpe)
Roy (Lichtenstein)
Salvador (Dali)
Sandro (Botticelli)
Vincent (van Gogh)
Wassily (Kandinsky)
Helmut (Newton)

Musiker

Weiblich

Anne-Sophie (Mutter)
Amy (Winehouse)
Aria
Camille (Saint-Saëns)
Clara (Schumann)
Diva
Evelyn (Glennie)
Harmony
Jacqueline (du Pré)
Juli
Katie (Melua)
Libretta
Lyric
Maria (Callas)
Medley
Melody
Miriam (Makeba)
Nelly (Furtado)
Norah (Jones)
Piano
Renata (Scotto)
Sonata
Symphony
Viola
Yvonne (Catterfeld)
Zascha (Moktan)

Männlich

Allegro
Andrea (Bocelli)
Antonio (Vivaldi)
Bob (Marley)
Canto
Claude (Debussy)
Johnny (Cash)
Felix (Mendelssohn)
Franz (Schubert)
Frédéric (Chopin)
George (Händel)
Giacomo (Puccini)
Giuseppe (Verdi)
Igor (Strawinski)
Jimi (Hendrix)
Johann (Sebastian Bach)
José (Carreras)
Joseph (Haydn)
Julian (Lloyd Webber)
Lenny (Kravitz)
Leonard (Bernstein)
Luciano (Pavarotti)
Ludwig (van Beethoven)
Neil (Diamond)
Nikolai (Rimski-Korsakow)
Opus
Plácido (Domingo)
Piotr (Tchaikowski)
Robbie (Williams)
Rococo
Wolfgang (Mozart)
Yo-Yo (Ma)

Bibliografische Information Der Deutschen Nationalbibliothek
Die Deutsche Nationalbibliothek verzeichnet diese Publikation in der Deutschen Nationalbibliografie; detaillierte bibliografische Daten sind im Internet unter http://dnb.d-nb.de abrufbar

Titel der Originalausgabe: Find My Name
Erschienen bei PQ Blackwell Limited, Auckland, Neuseeland, 2008

Deutsche Erstausgabe

Ein Unternehmen der La Martinière Groupe

Gestaltung: Cameron Gibb
Umschlaggestaltung: Gudrun Bürgin
Text bearbeitet von: Steffen Zimmermann
Satz: Martina Zimmermann, knigge17design
Druck: Midas Printing International Limited
Printed in China

ISBN 978-3- 86873-020-3

www.knesebeck-verlag.de